# EJERCICIOS de ARQUITECTURA y COMPOSICIÓN

Carlos Barberá Pastor, José Parra Martínez, Ana Gilsanz Díaz

Ejercicios de Arquitectura y Composición

© José Parra (coord.)

ISBN: 978-84-16113-54-5
Depósito legal: A 625-2014

Edita: Editorial Club Universitario. Telf.: 96 567 61 33
C/ Decano, 4 – 03690 San Vicente (Alicante)
www.ecu.fm
ecu@ecu.fm

Printed in Spain
Imprime: Imprenta Gamma. Telf.: 96 567 19 87
C/ Cottolengo, 25 – 03690 San Vicente (Alicante)
www.gamma.fm
gamma@gamma.fm

**Agradecimientos**

A nuestros compañeros del Área de Composición Arquitectónica y, especialmente, a la profesora Elia Gutiérrez Mozo, responsable de la asignatura Composición Arquitectónica 4 durante el curso 2013-14, por su todo apoyo a este proyecto.

**Dedicatoria**

A las alumnas y alumnos del curso 2013-2014 de Composición Arquitectónica 4, sin cuyo estimulante trabajo este libro no hubiera sido posible.

# ÍNDICE ............

# PRÓLOGO

## Por la causa de la arquitectura

Los autores de este libro, quienes han tenido la gentileza de invitarme a escribir su prólogo, lo cual es para mí un placer y un honor, y yo hemos compartido, a lo largo del curso académico 2013/2014, la responsabilidad de impartir la docencia correspondiente a la asignatura de Composición Arquitectónica 4 del título de grado en Arquitectura de la Escuela Politécnica Superior de la Universidad de Alicante, ellos al frente de las prácticas y yo de la teoría.

*Arriba:* Cécile Ladjali (Lausanne, 1971)
*Abajo: El apartamento* (Billy Wilder, 1960)

Los cuatro sabemos bien qué es ser un buen profesor. Un buen profesor, nos lo dice Cécile Ladjali en el libro que escribe junto con George Steiner, el *Elogio de la transmisión, ha de sacar al alumno de su mundo, conducirle hasta donde no habría llegado nunca sin su ayuda, y traspasarle un poco de su alma, porque quizá toda formación no sea más que una deformación.* Steiner dice también que *Ser profesor es una vocación absoluta*, y, a continuación, que es *quizá la profesión más enorgullecedora y, al mismo tiempo, la más humilde que existe.*

Profesión, profesor, profesar... es un acto de fe, se cree o no se cree, se quiere o no se quiere, ya lo decía el señor Baxter en *El apartamento...*, así de sencillo y de misterioso a la vez. Lo dice también Steiner: *Uno no transige con sus pasiones. Las cosas que voy a tratar de presentarles son las que más me gustan. No veo necesidad de justificarlas. Si un estudiante percibe que uno está un poco loco, poseído de alguna manera por aquello que enseña, es un primer paso. Quizá no esté de acuerdo; quizá se burle; pero escuchará: se trata del milagroso instante en que comienza a establecerse el diálogo con una pasión. Nunca hay que buscar una justificación.*

En nuestro caso, la pasión se llama arquitectura. Y es curioso que ni George Steiner ni Cécile Ladjali hablen nunca de buenos profesores, tan solo de profesores. Como en el caso de la arquitectura, los malos, que haberlos haylos, simplemente no lo son. Luego están los maestros. Cuando hablamos de maestros, estamos hablando de sabiduría y, sobre todo, de bonhomía, de, como dice el DRAE, *afabilidad, sencillez, bondad y honradez en el carácter y en el comportamiento.*

Steiner los define sí: *Sencillamente, alguien que goza de un aura casi física y en quien resulta casi tangible la pasión que*

*desprende. Alguien de quien se puede decir: "nunca llegaré a ser como él, pero me gustaría que, algún día, llegase a tomarme en serio". Lo que, por otra parte, nada tiene que ver con la ambición, sino que es algo muy parecido al amor, al eros.*

Profesores, maestros y alumnos, muchos alumnos... de cuyos nombres, a diferencia de Cervantes, sí queremos acordarnos, ya que dan sentido a nuestro esfuerzo. Ellos son la causa del orgullo del profesor del que habla Steiner. Y la razón, asimismo, para ser humildes. Creemos firmemente, ahora sí, como Cervantes, que somos hijos de nuestras obras, que obras son amores y no buenas razones y que por ellos, nuestros amores, y no por ellas, nuestras razones, se nos juzgará al atardecer de la vida. En definitiva, creemos en la responsabilidad para con el legado que hemos recibido, generosa y desinteresadamente, y para con la herencia que, a nuestra vez, hemos de transmitir a nuestros alumnos.

Dice Steiner que *toda pedagogía digna de tal nombre constituye un ejercicio de ingenio, una disciplina del corazón, precisamente en un momento en que el ingenio y el corazón se hallan en un estado de extrema vulnerabilidad. ¿En qué consiste dicha vulnerabilidad? En una disposición para la esperanza –enfermedad corporativa de todo profesor–, pero también para la decepción, cuando no para la amargura, ante la indiferencia del alumno, o ante una sociedad que no consentirá el libre desarrollo de las potencialidades que este encierra.*

Orgullosos y humildes, esperanzados y decepcionados. Así somos, así estamos los profesores: comprometidos. Concebimos la docencia como un compromiso radical, sin tibiezas ni titubeos. Para nosotros, la docencia es parte sustancial de nuestro proyecto de vida. Vivimos para enseñar, lo que equivale a decir que vivimos para aprender y transmitir lo aprendido.

¿Cómo? Desde la alegría. Por eso la cita de Rilke, *el júbilo conoce*, es tan pertinente. Steiner habla de *la satisfacción que procura el saber*, del placer de entender, que no es otra cosa que salir de uno mismo y tender puentes hacia lo otro y hacia los otros, dirigirse a ello y a ellos; del gozo de comprender, que significa abrazar, rodear algo por todas partes, hacerlo de uno.

Si para Loos el ornamento es un delito, para Steiner *La amargura, la aspereza, la melancolía de profesores mediocres es uno de los grandes crímenes de nuestra sociedad*. Frente a ellas, lo esencial: *pasión, amabilidad, honradez, trabajo*. Y nosotros añadimos: júbilo y generosidad.

Además la alegría es hoy, como nos recordaba Elvira Lindo desde las páginas de *El País*, subversiva. Si *el trabajo de un profesor consiste en ir a la contra, en enfrentar al alumno con la alteridad, con aquello que no es él, para que llegue a comprenderse mejor a sí mismo*; si, en efecto, *trabajamos a la contra y hacemos una apuesta por la dificultad*, entonces, una cierta subversión es fundamental en este cometido.

Somos conscientes de que, como Felipe II, los profesores enviamos nuestras naves a luchar, no contra hombres, sino contra los elementos. Y, sin embargo, podemos y debemos batallar. Somos dueños de nuestro destino, capitanes de nuestra alma, parafraseando el *Invictus* de Henley. Es una guerra incruenta, además, en la que la victoria no se mide por el número de enemigos batidos (la ignorancia, la indiferencia, el escapismo, el consumismo…), sino por la cantidad de partidarios que hayamos sumado a la causa de pensar por uno mismo. Y de aprender.

Aprender de los otros, aprender de los libros, aprender de la producción de conocimiento (la investigación, que es la otra cara de la moneda de la docencia, de ahí que sea de todo punto pertinente la denominación de Personal Docente e Investigador), aprender, en definitiva, de la vida.

La vida que se nos escapa con el tiempo y la vida a cuyo servicio está la arquitectura que nos interesa y por la que tratamos de interesar a nuestros alumnos, una *arquitectura viva*. Dice Heidegger, en su hermosa conferencia "Construir, habitar, pensar", que construir posee, al menos, dos sentidos: uno muy evidente, el de erigir cosas que no crecen, esto es, inertes, y, otro, sutil, el de cuidar las cosas que crecen, es decir, vivas.

Ambos sentidos competen, desde luego, al arquitecto, pero, en plena crisis mundial y sin indicadores que permitan vislumbrar la salida, parece responsable pensar que los arquitectos que nuestros alumnos serán deberán dedicarse,

*Página izquierda:*
*Arriba:* George Steiner (París, 1929)
*Abajo: Rainer Maria Rilke.* Paula Modersohn-Becker, 1906

*Página derecha:*
*Arriba:* Elvira Lindo (Cádiz, 1962)
*Centro:* Nelson Mandela (Sudáfrica, 1918-2013)
*Abajo:* Martin Heidegger (1889-1976)

fundamentalmente, a cuidar. Heidegger nos explica que, en alemán, *bauen* es construir y cultivar, de donde él extrae el cuidar en tanto que abrigar. En castellano, cuidar viene del latín *cogitare*, es decir, pensar. Pensar y construir, construir y pensar desde y para el habitar.

Este es el *leitmotiv* que, a modo de bajo continuo, sostiene nuestro programa. Nuestro proyecto docente se articula en cuatro partes, en una estructura clásica que hemos adoptado sin reservas: 1) el **concepto** de *composición*, 2) el **método** que nos parece más eficaz para transmitir ese concepto, 3) las **fuentes** de las que puede servirse esa transmisión y, finalmente, 4) el **programa** que desarrolla el temario de la asignatura.

*** 

Para hablar del **concepto de *composición***, cuyo cometido principal es pensar y hacer pensar sobre la arquitectura, lo que no somos, para llegar a entendernos mejor como lo que somos y serán nuestros estudiantes, arquitectos, comenzaremos consecuentemente por hacer un breve repaso de **las diversas y sucesivas ideas de arquitectura.**

De la célebre expresión "máquina de habitar", es evidente que el primer tratado de la historia de la arquitectura, el de Vitruvio, apuesta por el sustantivo, *máquina*, y se centra, por tanto, en las fábricas. Pero, si en lugar de poner el acento en el nombre, lo hacemos recaer sobre el verbo, *habitar*, inmediatamente nos salen al encuentro dos nociones que están en el fundamento mismo de la arquitectura y de sus aspiraciones.

Por un lado, una noción físico-utópica que Semper resume en su feliz expresión de "mundo diminuto", que alude a la construcción del paraíso perdido y añorado y que Alberto Campo Baeza describe como "hacer el cielo en la tierra". Por otro, una noción antropológica que tiene al hombre como referencia y para el cual la arquitectura constituye una segunda piel, un segundo cuerpo. Campo Baeza lo llama "estar en la gloria". Se trata, pues, de estar bien en la propia piel y de disfrutar de un entorno literalmente paradisíaco.

Habitar, por otra parte, y como nos recuerda Heidegger, es la condición propia del ser humano y lo que nos permite disfrutar y, por ende, conocer la arquitectura. La *máquina de habitar* centra la cuestión en sus dos polos opuestos, los mismos entre los que se establece el *juego sabio y magnífi*co: la fábrica y la habitación, las masas y las luces.

Naomi Campbell (Londres, 1970)

Vitruvio, el paradigma de arquitecto-ingeniero, escribe su tratado a la vejez, después de toda una vida dedicada al oficio. Vitruvio no es un teórico propiamente dicho, aunque sus *Diez Libros* sean para nosotros de obligada referencia. Sin embargo, sí lo es Alberti, que construye todo un sistema perfectamente armado en el que la novedad principal es la hegemonía del dibujo, en el cual resplandece la armonía de la arquitectura y al cual se debe plegar la obra punto por punto.

Además, Alberti sustituye la *venustas* vitruviana, propia de una diosa, Venus, por un término mucho más humano y sensual, la *voluptas*. Podemos afirmar que al arquitecto-ingeniero le ha sucedido el arquitecto-artista, que desplaza el sentido de la arquitectura desde el arte de edificar al edificar con arte o, simplemente, edificar el arte. Del concierto de oficios hemos pasado a la casa de todas las artes, lo que conllevará que la arquitectura haga del espacio, y del tiempo, su principal seña de identidad.

El dibujo, sin embargo, lo que favorece no es la idea del espacio sino el prestigio de la imagen. De hecho, la Ilustración abre una brecha hasta entonces desconocida en la cultura occidental entre las arquitecturas dibujadas y las arquitecturas construidas. La arquitectura no es ya el arte de edificar; ni siquiera edificar con arte: el arte de la arquitectura consiste en imaginar.

Entre los arquitectos ilustrados, Durand retoma y reinterpreta a Vitruvio y nos provee de un método o camino a seguir al margen de las reglas. Por su parte, la imagen favorece no solo al cliente, feliz ante tales y tamaños catálogos a su disposición, sino también y además, como nos enseña Collins con humor, las analogías: biológica, mecánica, gastronómica, lingüística...

Es el Movimiento Moderno el que reivindica, de manera inequívoca, la arquitectura como *Baukunst* y sostiene un concepto de arquitectura basado en el espacio y en el tiempo. La afirmación de Berlage es tajante al respecto: la arquitectura consiste en la creación de espacio y no en el diseño de fachadas.

La posmodernidad pone en crisis los valores modernos y, con ello, la supremacía del espacio da paso al valor de los signos, las señales, los símbolos, los iconos, etc. También conoce un desaforado furor utópico que halla su contrapunto real en el *high tech*, indiferente a la geografía y a la topografía. Los contenedores lo son, además, a la función.

Por su parte, el *decons* se aplica a hacer realidad la sentencia de McLuhan: el medio es el mensaje, el contenido coincide con el continente; y los fractales tratan de describir el caos y el azar. Hoy, la arquitectura ya no es de la ciudad, sino que está contra la ciudad, como los propios urbanitas del siglo XXI a quienes Fernández Galiano llama *urbicidas*.

Ante esta situación, se agradece el anonimato del arquitecto que cede la voz y la palabra al lugar, como hace desde siempre la arquitectura popular, que asume la condición fragmentaria de su trabajo y le reconoce la capacidad de rehabilitar la ciudad cuando construye en ella. Rehabilitar para re-habitar, para aprender de nuevo a habitar, que sigue siendo, como ya afirmaba Heidegger hace más de medio siglo, la auténtica penuria que padecemos.

\*\*\*

Sobre la cuestión de **a quiénes hablamos**, futuros arquitectos. Vitruvio, como sabemos, nos abruma con una larga lista de disciplinas y erudiciones que, si bien nuestra época ha reformulado en profundidad, sin embargo, les siguen siendo útiles y necesarias a los arquitectos. En cualquier caso, del mensaje de Vitruvio nos parece que deberíamos rescatar esa doble condición: teórica, en la que se sustenta nuestra autoridad, y práctica, para no correr detrás de una sombra

Es Alberti con su lema *ver, linear, medir,* quien postula la figura del arquitecto dibujante, en grave peligro de extinción en nuestras escuelas donde la herramienta informática, necesaria pero no suficiente, ha ocupado prácticamente todo el espacio del dibujo. Otros dos tratadistas nos aportan dos pistas más sobre el perfil del arquitecto: Il Filarete nos dice que el arquitecto es la madre de la arquitectura (el padre es el cliente), cuestión que nos interesa sobre manera a las mujeres, y Francesco di Giorgio Martini nos habla del "arquitector".

El Siglo de las Luces alumbra al arquitecto-visionario, escindido entre la teoría (sus estampas) y la práctica (sus obras convencionales). Esa misma división penetra en las vías de formación del arquitecto, quien puede optar por las escuelas de Bellas Artes, donde se atrinchera la tradición académica, y las escuelas politécnicas que se hacen eco del progreso técnico.

Así podemos decir que el arquitecto del siglo XIX se ve solicitado por las estructuras y por las fachadas, las primeras aún entre bastidores y las segundas construyendo la escena urbana. En 1900 irrumpirá la figura del arquitecto-diseñador, entregado al estilo.

Loos dirigirá contra él sus diatribas, Berlage dejará claro que la arquitectura es "el arte del maestro constructor" y Perret definirá al arquitecto como un "poeta que piensa y habla en construcción". La puerta a la Modernidad está abierta y, de hecho, la Bauhaus tratará de reconciliar arte, oficio e industria. Solo cuando su mensaje se dispersa y se traduce, y traiciona, por el Estilo Internacional, tendrá sentido el arquitecto-empresa para el cual, como para el agente 007, el mundo nunca es suficiente...

Frente a la *licencia para matar*, apostamos y reclamamos prudencia, lo que no quiere decir renunciar a la seducción, pero no desde la prepotencia, sino desde la humildad. Asimismo estamos firmemente convencidos de que el arquitecto con futuro tendrá que sacar sus muchas habilidades en las comunidades, lo que no quiere decir que se convierta en un tertuliano de la telebasura, que sabe casi nada de casi todo, ni en un especialista, que sabe casi todo de casi nada.

Es en este sentido como entendemos aún pertinente la vieja y manida imagen del director de orquesta: no tanto como el concertante de muchos y muy variados oficios, cuanto el maestro en, al menos, los más significativos de ellos. Nos

*Arriba:* Matilde Ucelay (Madrid, 1912-2008)
*Centro:* Bond, James Bond, agente 007
*Abajo:* Leonard Bernstein (1918-1990)

parece inaplazable, aunque aquí no proceda, un debate sobre la inclusión de los oficios en los planes de estudios de los arquitectos.

Por otra parte, el arquitecto ni es, ni debe ser, servil, pero sí es y sí debe ser un servidor llamado a ensanchar las estrecheces, las físicas y las otras, de nuestro mundo. Nos parece que no hay nada más angustioso que la idea de la aldea global, en todas partes lo mismo y en ninguna nada de verdad. Frente a ella, creemos en una arquitectura al servicio de la vida, maestra en el dominio de la escala (el mundo diminuto) y de la proporción (nuestra segunda piel).

Y nos parece que hay que avisar a nuestros alumnos de que la buena arquitectura no es negocio, porque dura y porque vale la pena hacerla durar y que el buen arquitecto se comporta como el mayordomo de *Lo que queda del día*: está siempre que se le necesita y desaparece cuando no, siempre dispuesto a procurar nuestro bienestar.

Frente a Séneca que le dice a su discípulo Lucilio: *créeme, hubo una época feliz en la que no había arquitectos*; y frente a Guadalupe, la limpiadora extremeña de la casa de Koolhaas en Burdeos, que está de paso y a ella la arquitectura le trae sin cuidado, nuestros arquitectos del futuro, el futuro de nuestros arquitectos pasa por hacernos imprescindibles para construir y cuidar, cuidar y construir, habitar en suma, nuestro mundo. Zuloark habla del médico de cabecera o, mejor dicho, de familia, como imagen del arquitecto que desean ser: nosotros suscribimos la idea.

*** 

A continuación explicaremos dónde efectuamos esa transmisión de conocimiento que es el objeto de la composición: hablaremos, pues, de las **escuelas de Arquitectura**.

Entendemos la arquitectura al servicio de la vida y, en consecuencia, la vida es su primera escuela. Todo arquitecto debería poder afirmar, como el poeta, *Confieso que he vivido...* Porque, además, los arquitectos en eso somos afortunados, ya que, a diferencia de los bailarines que, cuando saben hacer, ya no pueden hacerlo, nosotros, cuando sabemos, aún podemos. Es sintomático al respecto que no existan niños arquitectos prodigio, como existen, por ejemplo, músicos.

La segunda escuela de Arquitectura es la propia arquitectura, para lo cual viajar resulta esencial. Viajar, además, no a ritmo del turista quien, literalmente, se da una vuelta (hace un *tour*), ni a ritmo del transeúnte, que lo suyo es pasar, pasar sin hacer caminos siquiera sobre la mar, sino viajar despacio, demorándose todo lo que se pueda y, si es posible, morando, o sea, habitando. Los libros de viajes cabalmente confeccionados constituirían la mejor de las pruebas de ingreso en una escuela de Arquitectura. Vaya, vea (dibuje, fotografíe, anote) y venga.

En la Universidad de Alicante, no tenemos escuela. Tenemos una titulación de arquitecto dentro de una Escuela Politécnica Superior, lo cual tiene ventajas e inconvenientes que no procede dilucidar aquí; digamos, simplemente, que es así.

Nuestro plan de estudios (¡que será reemplazado antes de haber culminado su implantación!) comprende 300 créditos para el grado y 60 para el máster. De los 300 créditos del grado, 60 se destinan al bloque propedéutico, es decir, de las disciplinas básicas, y 240 para los bloques técnico y proyectual, asignando 96 créditos al primero y 144 al segundo, lo que evidencia que, en Alicante, somos más "escuela", en el sentido *beauxartiano*, que "politécnica", no sin ciertas tensiones dado nuestro origen.

La Composición está dentro del bloque proyectual, junto con Proyectos, líder indiscutible que acapara la mitad de los créditos, 72, y con Urbanismo, que se reparte con nosotros los que quedan como buenos hermanos, mitad, 36, y mitad, 36. Es evidente, por tanto, que nuestro plan de estudios apuesta por la estrategia, por el cómo, más que por el por qué, la teoría, o por el dónde, la ciudad. Así que Proyectos da nombre al bloque e importa tanto como Composición y Urbanismo.

Por otra parte, el instrumento que decanta la Composición en Proyecto, el dibujo, es el que da nombre al departamento que nos cobija a ambos: Expresión Gráfica y Cartografía.

*Arriba: Lo que queda del día* (James Ivory, 1993)
*Centro:* Guadalupe en *Koolhaas Houselife* (2008)
*Abajo:* Rudolf Nureyev (1938-1993)

\*\*\*

Centrándonos ahora en la disciplina de la **composición arquitectónica**, cabe decir que, en realidad, todos los artistas componen, es más, a algunos de ellos, como los músicos, se les llama así, compositores. Esta asociación de ideas entre el arte y la composición se refleja en las entradas de los diccionarios, que nos olvidan a los arquitectos. En cambio, la etimología que podemos remontar a la secuencia *sitio-postio-compositio* nos es de todo punto pertinente.

En Vitruvio el término composición no está. Se intuye en el concepto de euritmia (buen ritmo que se malograría en la descomposición), afecta a los órdenes e instaura el ideal antropomórfico de la tratadística clásica. Es por eso que la traducción de la *concinnitas* albertiana por compostura encaja como anillo al dedo. La *concinnitas*, que pudo haberse traducido por concinidad, ya que el término persiste en castellano, se ha vertido, como hemos dicho, o bien como compostura, que posee en particular una hermosa acepción referida a reparar o arreglar y que nos recordaría la vocación de toda arquitectura de restaurar el lugar donde se asienta, o bien como armonía, invocando entonces el número y la medida y la proporción.

Sin embargo, la razón ilustrada prefiere el término de *composición* y, así el profesor Durand lo es, durante 35 años en la Escuela Politécnica de París, de Composición. Más tarde, Guadet diferenciará entre los elementos de composición y los elementos de la arquitectura, reservando los primeros claramente para las cuestiones del espacio y los segundos para los temas de construcción.

Cuando el arte se hace abstracto, se cita con la ciencia en el número y así, los cuadros de los pintores neoplásticos se titulan "composiciones". En la Bauhaus, que hace suyo este lenguaje, la enseñanza de la composición va inmediatamente después del *Vorkurs* y se supone dominio de las artes.

Serán la internacionalización del modelo y la desarticulación de la unidad de las artes visuales las que hagan coincidir composición y proyecto. En esta tesitura, la composición se ha reservado el papel de la teoría previa al proyecto, del pensamiento que subyace a la acción, en definitiva, de la suposición frente a la proposición.

\*\*\*

Si, como defendemos, la arquitectura es lección de arquitectura, es obvio que el estudio y conocimiento de su historia nos es absolutamente imprescindible. **La historia es el soporte de la teoría** y ambas mantienen una saludable relación dialéctica que hay que ser capaz de transmitir a su enseñanza y aprendizaje.

A la teoría, además del monumento, le interesa el documento porque en él se encierra un entendimiento de los hechos a cuyo juicio aspira. Nos interesa, pues, lo escrito sobre arquitectura porque entraña un pensamiento, una idea de arquitectura.

Si el pensamiento está en la base misma de la teoría, y es evidente que el pensamiento es plural o no es, la teoría que sustenta es asimismo plural por naturaleza. Los tratados clásicos tratan, fundamentalmente, de edificar. Incluso el de Alberti, en el que se contiene un embrión de teoría de la arquitectura con su concepto de la *concinnitas*, se titula, de manera inequívoca, *De Re Aedificatoria*.

Por su parte, la arquitectura real va por libre y, la teoría, como demuestra la historia, siempre por detrás. Más adelante, la teoría clásica da paso a un abanico de teorías que la crítica promueve y la historia alimenta. Las tesis críticas suponen e implican hipótesis teóricas.

Por esta causa, el tema de la Edad de la Razón está en el ecuador de nuestro programa, porque en ella la teoría alcanza su mayoría de edad y se despliega en la diversidad que le es propia. Así por ejemplo, Hegel entiende la arquitectura como un arte simbólico, frente a Schopenhauer quien admira la proeza técnica, el desafío a la gravedad; Hugo lee la arquitectura como el gran libro de la humanidad que la imprenta ha matado; Viollet-le-Duc es un arquitecto todoterreno que le da a todo con intensidad y calidad abrumadoras; Ruskin, no arquitecto, nos sermonea con las lámparas que iluminan la arquitectura y Semper apuesta por la unión íntima de materiales y técnicas que decantan un determinado estilo, frente a la voluntad de arte que postula Riegl.

En fin, la dialéctica de la razón produce el contraste de teorías y el pensamiento ejercita su capacidad de elección en la que consiste el gusto ecléctico. El siglo XX abunda en manifiestos que son expresión de una voluntad y, por tanto, poco tienen que ver con la teoría; como tampoco lo son las estrategias posmodernas para vender sus proyectos.

En cualquier caso, las teorías constituyen un patrimonio que nos da que pensar, pero no nos resuelven el proyecto; conforman un bagaje para afrontar, con responsabilidad, lo que hay. Frente a ellas, la *Composición*, término que adoptamos en esta Escuela de Alicante tanto para el área de conocimiento como para todas y cada una de sus asignaturas, se muestra como una opción no sistemática y, si se quiere, pragmática, abierta, que identificamos, en su complejidad, con la arquitectura misma. Una composición que empieza por serlo mental, que se basa en el ejercicio de pensar por sí mismo (no se nos ocurre legado mejor como profesores ni firma más auténtica para el arquitecto) y que acaba en la composición de lugar, o sea, en el Proyecto.

En nuestro plan de estudios, la Composición está presente en todos y cada uno de los cursos, siempre en el primer semestre, que constituyen el grado en Arquitectura. La de primero bien podría llamarse *Introducción a la Arquitectura* y su vocación es la enfrentar a los alumnos, cuanto antes, a algunas preguntas esenciales, no tanto para la disciplina, que también, cuanto para sí mismos: qué es la arquitectura (concepto), dónde se hace arquitectura (contexto), cómo se piensa la arquitectura (entramado disciplinar) y quién (arquitecto) y para quién (cliente) se hace.

En segundo y tercer cursos, las asignaturas lo son de historia, reservando la contemporánea para tercero y toda la anterior para segundo. En cuarto se inserta nuestra asignatura y hemos reservado quinto para el ejercicio de la crítica o, si se quiere, de la dialéctica entre el pensamiento y la acción. Una asignatura más completa nuestros 36 créditos: la de Patrimonio y su intervención, reafirmando con ella la idea sustentada a lo largo y ancho de nuestro proyecto docente y que no es otra que la pertinencia de la composición en el ejercicio de la restauración y de la rehabilitación.

\*\*\*

La teoría nos retrotrae a la historia y **la composición nos lanza al proyecto y al diseño.** Perfilemos un poco esta última idea. La composición es, literalmente, la síntesis que precede al proyecto y que, una vez dibujada mediante la herramienta gráfica, sea la que fuere, habrá que corroborar, tanto en su conjunto, composición pura y dura, como en los detalles, diseño; en abstracto y en concreto, fondo y figura, esquema y significado, composición y compostura.

La composición se vierte en el proyecto y este se materializa en la obra, para todo lo cual concurren el dibujo y los diversos oficios. Pero reducir la aventura de la arquitectura al proyecto es, además de falso, hacerle flaco favor. El proyecto es como la partitura para Mahler: en ella está todo, absolutamente todo, menos la música. En el proyecto está, o debería estar, todo, absolutamente todo, menos la arquitectura.

La arquitectura tiene que ser compuesta por la sencilla razón de que se compone de muchas cosas, naturales unas y artificiales otras. La arquitectura sucede antes, durante y después del proyecto, al cual la composición provee, si no de soluciones, sí de ideas para su fundamento.

\*\*\*

Sobre el **método** o, mejor dicho, los métodos de la composición, diremos que, si se trata de pensar, y de ello se trata, para discurrir no hay nada mejor que dialogar en un sentido socrático. Difícil cuestión, porque nuestro público en absoluto está habituado. En los restos de su naufragio vital han salvado un dispositivo electrónico que los aísla y ensimisma y que es nuestro primer caballo de batalla. Absolutamente verborreicos en las redes sociales, el silencio impera cuando se les invita al diálogo.

Las sesiones teóricas presentan el formato de clase magistral participativa. El profesor habla, los alumnos escuchan y, si se ha podido captar su atención, aunque sea recurriendo a un cierto efecto sorpresa inicial, se pone en marcha la correa de la transmisión del conocimiento.

Estar atento es fundamental. Y ser atento no lo es menos. Ambas cosas procuramos ejercitar a fondo en el aula. Después de la clase magistral, siempre se abre un espacio de reflexión y debate sobre un texto que procura serlo de actualidad y que previamente se ha puesto a disposición de los alumnos a través del *blog* de la asignatura que administra la profesora Ana Gilsanz. Es este un momento que les gusta especialmente aunque las cuotas de participación logradas estén bien lejos de las deseadas y deseables, pero es un comienzo y, sobre todo, con constancia, genera en los alumnos el hábito de estar atento a lo que pasa.

Porque, en la composición, nos interesa todo lo arquitectónico, absolutamente todo, lo de antes, lo de ahora y lo de después. El hecho construido y el texto escrito, la entrevista al autor y la crítica de autor. Todo. Somos curiosos impenitentes, pero no impertinentes o, al menos, eso esperamos.

Para hablar de método, camino, tendremos que empezar por saber de dónde partimos y tenemos claro que partimos del lugar: *sitio-positio-compositio*. Reiteramos, pues, la necesidad de viajar para conocer arquitectura y para conocerse y reconocerse, o no, como futuro arquitecto. Para lo que no se puede visitar está la historia, que la composición da por sabida, pero que invoca a cada momento. Es nuestro telón de fondo.

Ese telón se materializa en clase en la pantalla de proyección de nuestros *power points*, dejando claro que acudimos a las imágenes porque, a falta de pan, buenas son tortas. Pero hay que advertir a los alumnos de que las imágenes son siempre subsidiarias y seductoras, así que procuraremos utilizar las justas e invitar a que la imaginación ponga el resto.

Obviamente, entre nuestros principales recursos se encuentran los escritos: tratados, ensayos, manifiestos y otros, que ilustran la constelación de teorías de la arquitectura sobre las que discurre la composición. Y no proveemos de un método de proyecto, ni de diseño, aunque tengamos que conocerlos, cuanto de un hábito, el de pensar y repensar la arquitectura.

\*\*\*

Sobre los intereses de la composición, armamos un **programa** de doce temas en el que partimos del mundo natural para instalar en él una arquitectura artificial, de la cual se espera que sea útil, firme y bella, contribuyendo al esplendor de sus formas la luz y el color. El Renacimiento resume y consuma los atributos del ideal clásico.

Pero la *Edad de la Razón* somete a crítica metódica esa herencia y abre así una alternativa *moderna* que sitúa el espacio-tiempo en el centro del debate arquitectónico. Esta ruptura histórica se revelará luego como un paréntesis efímero. Y la posmodernidad, finalmente, ayuna de toda certeza, nos pone en la tesitura *moral* de elegir entre infinitas opciones prácticas.

Las prácticas de los seminarios, las cuales este libro recoge y de las que se han ocupado Carlos Barberá y José Parra, tratan de ser coherentes con la naturaleza de la composición y así intentan ser plurales, parciales, no selectivas, abiertas, de tanteo... Diversas, estimulantes y, en la medida de lo posible, lúdicas, porque un juego es al fin y al cabo la composición, un juego en el que libremente sus jugadores se someten a unas reglas, sean estas las que sean. Dado el carácter de prácticas teóricas, no pueden dejar de ser singulares.

*Arriba:* L. Mies Van der Rohe: Casa Farnsworth, Illinois. 1946-1951
*Abajo:* Pantheon. Roma. 27 a.C.

Finalmente, en nuestras clases la protagonista es la arquitectura y a ella nos acercamos, fundamentalmente, desde las palabras, miles de palabras, y alguna imagen. Palabras del profesor, muchas; palabras de otros, algunas; palabras de los alumnos, pocas aún. Como Steiner nos recuerda, *en griego antiguo se definía al hombre como "animal que habla", no como "animal que construye, que calcula, que hace la guerra". Hablar es como respirar, es el soplo del alma. La palabra es el oxígeno de nuestro ser. Mientras que cada lugar común significa la muerte de una posibilidad vital, cada hermosa metáfora nos franquea, literalmente, las puertas del ser. Se trata, pues, de la más importante de todas las batallas; pero no está claro que vayamos a ganarla.*

En nuestro caso, tampoco tenemos claro que vayamos a ganar la guerra, pero, en cada clase, en todas y cada una de mis clases, presentamos batalla. Y si algo de nuestra alma combativa, guerrera, se traspasa; si la inquietud, la curiosidad, el compromiso, el estar atento, el ser atento, el no dar nada por sentado, el espíritu crítico... en algo se contagian, entonces, todo habrá valido no la pena, sino la alegría, de conocer y dar a conocer lo conocido.

# INTRODUCCIÓN a las PRÁCTICAS de CA4

## Objetivos

Como continuación de la labor docente iniciada por la profesora María Elia Gutiérrez Mozo con su libro *Arquitectura y Composición*[1] , esta nueva publicación vuelve a pensar fundamentalmente en el alumnado de la asignatura Composición Arquitectónica 4, implantada en los estudios de grado en Arquitectura en la Escuela Politécnica de la Universidad de Alicante en el curso 2013-14. Si aquel era un texto destinado a servir de apoyo a las clases de teoría, *Ejercicios de Arquitectura y Composición* tiene como objeto los contenidos del curso correspondientes a las clases prácticas. Así, este otro libro extiende la tarea de diseñar y desarrollar el programa de una nueva asignatura al ámbito de sus ejercicios prácticos, precisando una serie de materiales y estrategias docentes cuyo fin último es propiciar la reflexión del estudiante de arquitectura sobre la naturaleza y el sentido de la profesión para la que se está formando.

El conjunto de clases prácticas que recoge este libro pretende indagar acerca de las posibilidades del programa teórico, entrando en profundidad sobre determinados aspectos del mismo para que el alumno, en lugar de permanecer en la superficie de los temas, consiga sumergirse en su complejidad y llegue a entender el alcance de sus implicaciones en la cultura arquitectónica contemporánea.

Ahora bien, dado el escaso tiempo disponible en el curso, de apenas quince semanas, se ha optado por no asignar directamente una clase práctica a cada tema teórico, sino solo a la mitad de ellos. La propuesta resultante consta por tanto de siete ejercicios y está concebida como un guion más o menos velado cuyo hilo argumental entreteje las ideas fundamentales del programa. Un guion lo suficientemente acotado y a la vez sugerente que permita, tanto a los diferentes profesores como a sus estudiantes, entrar en ellas desde sus propios intereses.

Estas prácticas, tan diversas como los temas alrededor de los que gravitan (naturaleza y arte, función, forma, técnica, privacidad y publicidad, espacio y lugar...), parten de un enfoque transversal que fomente la necesidad de abordar los ejercicios desde múltiples puntos de vista con los que favorecer el desarrollo de actitudes críticas y tomas de posición por parte de los estudiantes.

[1] María Elia Gutiérrez Mozo: *Arquitectura y Composición*. Alicante: Editorial Club Universitario, 2014.

Y, al igual que el libro de la profesora Gutiérrez Mozo, esta publicación también quiere traspasar los límites de la propia asignatura para abrirse a múltiples intereses, tantos como pueden ser objeto del conjunto de conocimientos relativos a la historia, la teoría y la crítica de la arquitectura. En este sentido, la porosidad y diversidad de las relaciones entre las ideas y los temas que integran el temario de Composición Arquitectónica 4 justifican el planteamiento de las clases prácticas como un campo de pruebas, un ensayo libre de prejuicios que, partiendo del marco conceptual de los ejercicios propuestos, no siempre tenga claros los resultados que se espera obtener.

A diferencia de lo específico del proyecto arquitectónico, la composición pertenece al ámbito de lo genérico, de la reflexión pura que precede a la acción. En el proyecto se materializan los recursos de la composición y otros muchos, pero en el proyecto hay un imperativo de selección ajeno a la composición. El proyecto decide, la composición, no, elucubra y debate, y duda, sobre todo, duda, no cierra puertas. El proyecto necesita cerrarlas y concretar, seleccionar. La composición se tiene que ejercitar a través de prácticas plurales, parciales y no selectivas, donde nada tiene por qué ser decisivo y, por este motivo, los ejercicios planteados en este libro son prácticas de tanteo, donde no es imprescindible concluir, más bien al contrario, esforzarse por abrir caminos. Por ello, a diferencia del método deductivo del proyecto, se ha preferido trabajar inductivamente, descender a casos concretos, a hipótesis de partida que permitan inferir todo tipo de argumentos. Se trata, pues, de promover el intercambio, de producir fricciones, pero, sobre todo, de suscitar preguntas, muchas preguntas.

## Estructura del libro: el formato de archivo

Este libro se inicia con un planteamiento general del seminario práctico de la asignatura de Composición Arquitectónica 4; esta introducción da paso a una recopilación de enunciados de ejercicios y ejemplos de su resolución por parte de estudiantes que ya han cursado esta asignatura; aporta también una valoración final sobre el desarrollo del primer curso de la misma; y, por último, a modo de epílogo, trata sobre la herramienta del *blog* de Composición Arquitectónica 4 y sobre los espacios de reflexión que han permitido vincular los contenidos teóricos y prácticos de la asignatura con las distintas inquietudes intelectuales y profesionales, tanto de sus profesores como del conjunto del alumnado.

Los ejercicios analizados en esta publicación son una muestra de los trabajos desarrollados en el curso 2013-2014, correspondientes a los estudiantes de los profesores Carlos Barberá, grupos de prácticas 1 y 2 (grupos de mañana), y José Parra, grupos de prácticas 3 y 4 (grupos de tarde). Cada profesor, además de explicitar los motivos que justifican la inclusión en este libro de los trabajos seleccionados, expone brevemente las aportaciones más reseñables de cada uno de ellos.

No obstante, esta recopilación de prácticas no debe entenderse únicamente en su dimensión operativa, es decir, como una guía ejemplarizante para futuros estudiantes de la asignatura. Más bien al contrario, se trataría de un archivo de referencias absolutamente permeables al planteamiento y desarrollo de sus propios trabajos.

El archivo se revela siempre como un material conceptual de primer orden, especialmente en los campos de la producción arquitectónica y artística, como también en los de la historiografía, la teoría y la crítica. Pero no es un material neutro. Toda gestión documental, cualquier decisión acerca de lo que merece o no ser conservado, entraña un dispositivo político que incide en la construcción de la memoria y de la esfera pública. Por ello, frente a la razón instrumental de la autoridad asociada tradicionalmente al archivo, existen también otras formas de registrar la realidad basadas en una concepción crítica del archivo como repositorio abierto de experiencias y conocimientos.

Conscientes de la responsabilidad que entraña toda selección, se han incluido ejercicios calificados con la máxima puntuación y, también, propuestas, no tan brillantes en su resolución, pero que revisten un indudable interés por la singularidad de sus puntos de vista o por los riesgos asumidos por sus autores, con independencia de que las conclusiones obtenidas con el trabajo no hayan sido las esperadas o, quizás, precisamente por ello.

En este sentido, uno de los objetivos de estos ejercicios de Arquitectura y Composición ha sido contribuir a repensar algunos episodios de la historia de la arquitectura reciente, sirviendo de excusa para un ejercicio de desmitificación que permitiera al alumnado aprender a cuestionar los discursos hegemónicos y aceptar la posibilidad y eficacia de otras aproximaciones al hecho arquitectónico. Ello explicaría la presencia en este particular archivo de composición de propuestas inacabadas, tentativas a las que la limitación de tiempo impidió una excesiva formalización que hubiese ido en detrimento de su honestidad y frescura; también justificaría la inclusión de algunas de las interpretaciones más audaces de los enunciados e, incluso, de determinadas formas de ejercer la disidencia. Un registro de múltiples sensibilidades integrado, en suma, por emocionantes esfuerzos de exploración intelectual y personal.

## Contenidos, materiales y metodología docente

La propuesta de clases prácticas (en relación con los contenidos teóricos del programa de la asignatura) es la siguiente:

P1_CLASE PRÁCTICA 01, *Supersurface*, asignada al tema I: *Naturaleza y arte*. Práctica individual.

P2_CLASE PRÁCTICA 02, *Reflexiones sobre la casa Eames*, asignada al tema II: *Uso y función*. Práctica en equipo.

P3_CLASE PRÁCTICA 03, *Jean Prouvé: vivienda prefabricada en Nancy*, asignada al tema III: *Materia y técnica*. Práctica en equipo.

P4_CLASE PRÁCTICA 04, *Percepción y experiencia sensorial*, asignada al tema IV: *Forma y percepción*. Práctica en equipo.

P5_CLASE PRÁCTICA 05, *Privacidad & Publicidad*, asignada al tema VII: *La Modernidad*. Práctica en equipo.

P6_CLASE PRÁCTICA 06, *Pina-Wenders: A través de la danza, el espacio como lugar*, asignada al tema VIII: *Espacio y lugar*. Práctica en equipo.

P7_CLASE PRÁCTICA 07, *La Casa del Futuro*, asignada al tema X: *La posmodernidad*. Práctica en equipo.


Como se ha avanzado, estos ejercicios-prácticas están asociados a un determinado tema, si bien esta aparente jerarquización se diluye en la flexibilidad de un planteamiento abierto que propicia la necesidad de incorporar diferentes ideas tratadas en otros apartados del programa. Este sería el caso, por ejemplo, de la CLASE PRÁCTICA 04, asignada al tema IV: *Forma y percepción*, pero en la que también podrían abordarse aspectos tratados en el V, *Luz y color*, e incluso en el IX, *Tiempo y memoria* , por ejemplo, de todas las prácticas que, como la número 2, la número 3 o la número 5, transitan sobre el tema, siempre central para la arquitectura de la vivienda y el habitar. Y, por supuesto, también del último ejercicio, la CLASE PRÁCTICA 07, sobre *La Casa del Futuro* de los Smithson, en principio vinculada conceptualmente al tema X, *La posmodernidad*, pero que por el tipo de conversaciones abiertas por este proyecto (crítica de las políticas domésticas, reflejo de la sociedad de consumo, conflictos de género, etc.) sería abordable desde tantas formas de análisis como las propuestas para cada una de las prácticas anteriores y, por tanto, podría entenderse como una recopilación de todos los temas tratados a lo largo del curso. Por otra parte, los estudiantes debían enfrentarse a este trabajo final desde la experiencia de sus ejercicios previos, una experiencia reforzada por su trayectoria y evolución como equipo durante todo el cuatrimestre.

Resulta imprescindible subrayar la importancia del formato de los ejercicios planteados, exceptuando el primero, todos ellos exigen un proyecto de equipo. Los estudiantes están obligados a formar grupos de trabajo, de no más de cuatro personas y, en la medida de lo posible, mantenerlos durante todo el curso. Esta experiencia, además de fomentar la discusión y el enriquecimiento de la práctica por la emergencia de puntos de vista diferentes –y la necesidad implícita de llegar a acuerdos para resolver conflictos dentro de cada equipo–, favorece no solo trabajos más complejos, sino que, también, permite dedicar más tiempo de clase para su exposición, corrección y debate público.

Cada ejercicio parte de materiales diversos (gráficos, textos críticos, contenidos digitales, vídeos...) y, de forma general, se estructura en dos partes: una primera, de análisis, de reconocimiento del problema planteado y de reflexión a partir de dichos materiales; y, otra, más intensa de interpretación creativa a partir del enunciado propuesto.

La parte de análisis incide en la importancia de leer y de enfrentarse a textos de una cierta complejidad y extensión, así como de manejar referencias históricas, literarias, musicales, cinematográficas, etc. Se trata además de que los estudiantes investiguen y establezcan vínculos con dichos materiales para después conformar sus propias interpretaciones de los mismos. Unicamente, a modo de guía, se sugieren algunas ideas sobre el formato y extensión recomendables para esta primera parte.

En cuanto a la segunda parte, de interpretación, hay que enfatizar su voluntad de diversidad y estímulo. El formato es completamente libre. Se espera que los alumnos tomen la iniciativa, que sean creativos en sus planteamientos y que sepan desplegar adecuadamente sus instrumentos: su capacidad de observación, sus destrezas gráficas, sus dotes para argumentar y, en definitiva, sus recursos para seducir. Esta segunda parte insiste en la condición lúdica de la composición, que, en el fondo, no es otra cosa que un juego; un juego que acepta libremente unas reglas que él mismo se impone y que el jugador observa a rajatabla. El juego es libre, pero las reglas son rigurosas y definirlas en cada caso es una premisa necesaria para que la práctica sea eficaz y útil. O, dicho en palabras de Paul Valéry, "la mayor libertad nace del mayor rigor".

Exceptuando el primer ejercicio, que los alumnos deben resolver en el aula durante el tiempo de una única clase, todas las demás prácticas se desarrollan en dos sesiones de dos horas cada una. La asistencia a clase es obligatoria[2] .

Tras esa primera práctica, al final de la clase previa a las dos sesiones dedicadas a cada ejercicio, el profesor explica el enunciado e introduce de forma general el tema y objetivos del siguiente trabajo. Previamente, con la suficiente antelación de al menos una semana, se facilita toda la documentación necesaria para realizar la práctica, de modo que los alumnos puedan familiarizarse con ella antes de recibir las explicaciones del profesor.

El trabajo de investigación, análisis y producción de la práctica corresponde a cada equipo y se realiza fuera del aula, reservando el tiempo de clase para las correcciones, discusiones y presentaciones públicas de los trabajos.

A partir del segundo ejercicio, la exposición de los trabajos obligatoria[3] para todos los grupos. Para cada presentación se asigna un tiempo de entre 5 y 10 minutos por equipo. A lo largo de esta, los alumnos deben referir las conclusiones de la primera parte y exponer su trabajo de interpretación de la segunda, sea cual sea el formato escogido para esta.

En la medida de lo posible, la primera sesión de cada práctica se dedica a orientar, también públicamente, los ejercicios en proceso para que todos los grupos conozcan de primera mano la evolución del trabajo de los demás. Se trata de presentaciones dinámicas donde los estudiantes pueden participar de los comentarios del profesor y tenerlos presentes en

[2] Se establece la imposibilidad de aprobar por curso con menos del 80 % de asistencia.

[3] Un trabajo no expuesto o entregado fuera de plazo penaliza su calificación, tal como se explicita en la guía de la asignatura.

sus propios planteamientos; pueden asimismo valorar otras ideas, reajustar sus enfoques e, incluso, descubrir nuevos materiales sugeridos por el profesor o por otros compañeros. Si el equipo así lo desea, esta primera corrección puede complementarse con consultas individualizadas en horario de tutorías.

La semana siguiente, como conclusión de cada ejercicio, su exposición pública constituye una oportunidad para discutir sobre las reflexiones, críticas o reacciones que desencadena cada trabajo. Por ello, no consiste tanto en una presentación de las propuestas y de sus correcciones ante la clase sino en una puesta en común, un debate colectivo que provoque espontáneamente la respuesta del aula.

Precisamente por ello, entre los criterios de valoración de la nota final de cada estudiante no solo figuran el interés de las propuestas defendidas, la creatividad y precisión del formato escogido para comunicarlas o su evolución como grupo a lo largo del curso; es igualmente importante su disposición para intervenir, aportar ideas y contribuir al debate.

# EJERCICIOS y MATERIALES PROPUESTOS

# P1

## CLASE PRÁCTICA 01.
### SUPERSURFACE, AN ALTERNATIVE MODEL FOR LIFE ON EARTH.

Tipo de práctica: Individual.
Materiales: Visionado de vídeo.
Duración: Una sesión práctica. Introducción al trabajo, desarrollo en clase y entrega.
Exposición pública: Voluntaria. Debate sobre las ideas aportadas en los trabajos.

Se proyecta en clase el vídeo *Supersurface, An Alternative Model for Life on Earth*, del grupo de arquitectos radicales italianos Superstudio (integrado principalmente por Adolfo Natalini, Piero Frassinelli y Cristiano Toraldo di Francia), fundado en Florencia en 1966 y que se mantuvo activo como colectivo hasta 1978. El film fue realizado para la exposición del Museum of Modern Art de 1972 titulada "Italy: The New Domestic Landscape", siendo concebido como el primero de cinco vídeos (denominados actos: *Life, Education, Ceremony, Love y Death*[4]) destinados, en palabras de sus autores, a "reevaluar de manera crítica las posibilidades de una vida sin objetos".

*Arriba:* Superstudio
*Abajo:* Fotograma *Supersurface, An Alternative Model for Life on Earth* (Videorecording, 1972)

En su ataque feroz a la sociedad de consumo, al diseño formal y a los postulados racionalistas, estos "antidiseñadores" defendían primacía del individuo y de la vida sobre cualquier cuestión disciplinar. Frente al diseño de edificios u objetos determinados el grupo reivindicaba la función social y cultural de la arquitectura, así como la necesidad de esta de ir más allá de sí misma.

En este sentido, el primero de los vídeos, *Supersurface*, es una reflexión abierta sobre la plenitud de la vida en un futuro utópico donde la tecnología liberaría al ser humano del trabajo manual y la opresión de los espacios interiores. *Supersurface* presenta un "modelo alternativo para la vida en la Tierra", en el cual "la red de energía e información" está representada por nodos conectados e imágenes de tecnología superpuestos a un *collage* de paisajes naturales y habitados

[4] De los cuales solo fueron completados dos, Supersurface (Life) y Ceremony, aunque existen guiones, dibujos y textos de todo el proyecto.

por familias que desarrollan despreocupada y felizmente sus actividades domésticas en espacios exteriores, entablando una íntima relación con el medio.

El vídeo propone la visión de una red de energía e información que se extiende para hacer habitable cualquier lugar del planeta. De acuerdo con sus autores (¿arquitectos? / ¿artistas? / ¿filósofos? / ¿pensadores sociales? –los límites se desdibujan–), esta red posibilitaría al fin la destrucción del estatus simbólico de los objetos, la eliminación de la ciudad como acumulación de estructuras formales de poder y, en última instancia, la desaparición del trabajo especializado y repetitivo como una actividad alienante. "La consecuencia lógica de esto –escribían– será una nueva y revolucionaria sociedad donde cada uno podrá desarrollar plenamente sus capacidades como individuo".

La práctica consistirá en una interpretación personal de este vídeo. Se valorará positivamente el análisis crítico de las ideas de Superstudio desde el pensamiento contemporáneo. El texto tendrá una extensión aproximada de entre quinientas y mil palabras.

**BIBLIOGRAFÍA:**

LANG, Peter y MENKING, William: *Superstudio: Life without Objets*. Skira, Milán, 2003.

JARAUTA, Francisco; MAUBANT, Jean Louis y MIGAYROU, Fredéric (eds.): *Arquitectura Radical*. CAAM, Las Palmas de Gran Canaria, 2002.

COLOMINA, Beatriz y BUCKLEY (eds.): *Clip/Stamp/Fold: The Radical Architecture of Little Magazines 196X to197X*. AC-TAR, Barcelona, 2010.

*Página izquierda; arriba, centro y abajo:* Fotogramas *Supersurface, An Alternative Model for Life on Earth* (Videorecording, 1972)

# P2

**CLASE PRÁCTICA 02.**
REFLEXIONES SOBRE LA CASA EAMES.

Tipo de práctica: Grupo (hasta cuatro personas).
Materiales: Textos y documentales de Charles y Ray Eames. La búsqueda de documentación gráfica e histórica sobre la vivienda será responsabilidad del equipo.
Duración: Dos clases prácticas (1. Tutorización de trabajos / 2. Exposición y entrega).
Exposición pública: Obligatoria.

Se propone la lectura del texto de Beatriz Colomina *Reflexiones sobre la Casa Eames* (RA n.º9, 2007)[5].

Se propone asimismo el visionado en clase del documental de Charles y Ray Eames *House, After Five Years of Living* (1955).

La práctica consta de dos partes. La primera, tras la lectura del texto de Colomina, consistirá en una reflexión personal sobre el discurso del artículo propuesto. Dicha reflexión incluirá un análisis de aquellos fotogramas del documental que más hayan interesado al alumno y cuya lógica arquitectónica y estrategias compositivas tendrá que deducir y argumentar en un texto ilustrado de alrededor de mil palabras.

El análisis deberá centrarse en las siguientes cuestiones:

01. Programa (uso y función de los espacios originales de la casa).
02. Relación con el lugar (límites físicos y virtuales de la obra construida).
03. Apropiación de los espacios y evolución de su carácter a través del tiempo. Proyección de la personalidad de sus usuarios.
04. Significado de los objetos y del mobiliario presentes en la casa (cualidades de los mismos —forma, función, materia, color, posición, etc.—).
05. Capas de información presentes en la casa (dimensión mediática del proyecto).

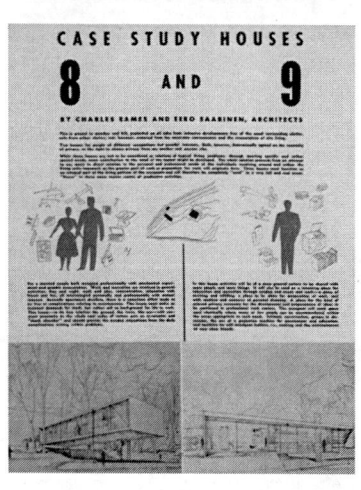

La segunda parte de la práctica consistirá en un redibujado, maqueta o fotomontaje de la Casa Eames, manipulando sus espacios mediante objetos cotidianos de la actualidad, piezas de arte y dispositivos tecnológicos propios de 2013 con una intención similar a la de los Eames. La interpretación del espacio y sus posibilidades de mutación a través de dichos objetos deberá ser lo más personal posible.

*Página izquierda:*
*Arriba:* Planta propuesta definitiva de la Casa Eames
*Centro:* Los Eames posan en la estructura de la casa, ejecutada en 48 horas
*Abajo:* Página de *Arts & Architecture* anunciando el programa de necesidades de las Case Syudy Houses 8 (Eames) y 9 (Entenza)

*Página derecha:*
*Arriba:* Casa Eames en 2005
*Abajo:* Casa Eames. Fotografías de Julius Shulman

[5] Beatriz. Colomina, "Reflexiones sobre la Casa Eames", en RA 9 (*Revista de Arquitectura*, Universidad de Navarra), Pamplona, 2007, capítulo publicado en el libro: B. Colomina, *La Domesticidad en Guerra*, ACTAR, Barcelona, 2006.

**BIBLIOGRAFÍA:**

AA. VV., Elizabeth A. T. (ed.): *Blueprints for Modern Living: History and Legacy of the Case Study Houses.* The MIT Press, Cambridge, MA, 1989. Catálogo de la Exposición del MoCA, Los Angeles Museum of Contemporary (reeditado en 1999).

COLOMINA, Beatriz: *La Domesticidad en Guerra.* ACTAR, Barcelona, 2006.

SMITH, Elizabeth A. T., Peter Goessel (ed.): *Case Study Houses. The Complete CSH Program 1945-1966.* Epílogo de Julius Shulman. Taschen, Köln & New York, 2002.

STEELE, James: *Eames House. Architecture in detail.* Phaidon Press, London, 2002 (primera edición 1998).

DEMETRIOS, Eames: *An Eames Primer.* Thames & Hudson, London, 2001.

KIRKHAM, Pat: *Charles and Ray Eames: Designers of the Twentieth.* The MIT Press, Cambridge, MA, 1998 (primera edición 1995).

NEUHART, John y NEUHART, Marilyn, con Ray EAMES: *Eames Design. The Work of the Office of Charles and Ray Eames.* Harry N. Abrams, New York, 1989.

# P3

**CLASE PRÁCTICA 03.**
PROUVÉ: VIVIENDA PREFABRICADA EN NANCY.

**Tipo de práctica:** Grupo (hasta cuatro personas).
**Materiales:** Textos y material gráfico de referencia. La búsqueda de otra documentación gráfica e histórica sobre la vivienda será responsabilidad del equipo.
**Duración:** Dos clases prácticas (1. Tutorización de trabajos / 2. Exposición y entrega).
**Exposición pública:** Obligatoria.

Cuando Jean Prouvé proyectó su casa en Nancy (1953-54) para él y su familia, utilizó los materiales "recuperados de sus antiguos talleres de Maxéville". Las piezas "industriales sobrantes" del taller recién cerrado con las que construyó gran parte de su obra fueron utilizadas para levantar la vivienda. Los cerramientos, de paneles industrializados, incluso el porche acoplado, construido como prototipo para una escuela, son las piezas utilizadas para conformar el cerramiento vertical de la casa.

El techo, según afirmaba Prouvé, "no fue dibujado", se adaptaba a la deformabilidad del propio material en el momento en que es colocado sobre la propia estructura. Prouvé escribió sobre esta casa en Nancy: "Fue producto de la observación. Era necesario aprovechar los materiales disponibles. Sin manipularlo, uno nunca hubiera podido imaginar que un panel de madera fuera tan dócil. Así, el perfil de esta cubierta nunca fue representado en la mesa de dibujo. Toda la casa es así, el resto no son más que particiones interiores". "En las casas del tipo cáscara no había armazón y la idea de construir una me gustaba. Tuve la suerte de que en aquel momento comenzaban a comercializarse unos grandes tableros de madera contrachapados, gruesos, de 40 mm, con 10 mm de madera en un sentido, 20 mm en el otro y 10 mm más encolados en la otra parte. Son unos tableros extremadamente resistentes y, sin embargo, flexibles. Igual que una caña de pescar o un árbol cortado, cuando se sostienen por el extremo se doblan pero no se rompen nunca. La madera se curva, es flexible, y esta cualidad me interesaba doblemente

*Arriba:* Casa en Nancy ,1954/55
*Abajo:* Jean Prouve en el salón de su casa

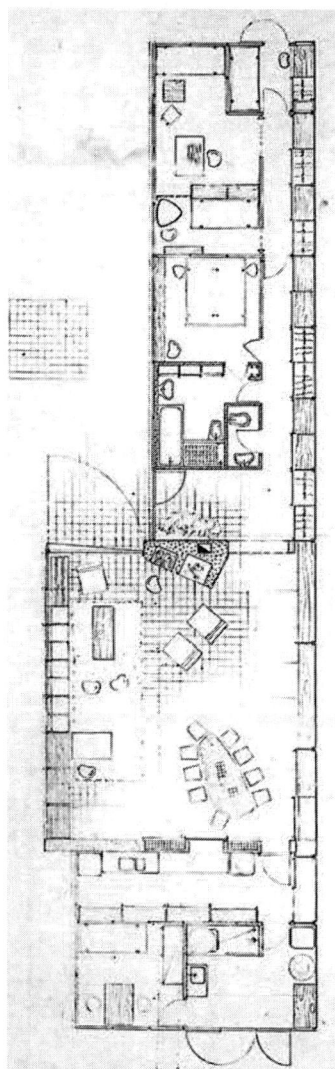

porque aunque era un material nuevo, no dejaba de ser madera y siempre me ha gustado la madera. Por otro lado, lo que más me gustaba, también, era el formato de uno por trece metros que proponía el constructor. Me sentí salvado, ya solo quedaba colgar aquel tablero a tres metros de altura y dejarlo caer por medio de un contrapeso que no era más que un pórtico al fondo, un soporte, como una especie de caballete. Fue de esa manera como mi casa se convirtió en lo que ahora es".

La casa fue levantada por familiares y amigos, que ayudaban a subir los materiales traídos de la fábrica. Los paneles llegaban en camión, y dos personas los transportaban y colocaban.

En esta tercera práctica del curso se plantea un análisis del sistema constructivo y la tecnología utilizada, para, posteriormente, relacionarlo con la propuesta del interior. Se trata de estudiar la importancia del detalle constructivo desde un análisis de las piezas y la posibilidad que estas tienen para garantizar la estanquidad y el aislamiento térmico así como evitar condensaciones. A su vez, mediante un análisis de los acabados interiores, se ha de profundizar en la posibilidad que tienen para garantizar el confort interior, en el sentido del ambiente generado por las texturas, colores, reflejos, juntas, la entrada de luz o las vistas hacia el exterior. El objetivo es llegar a plantear una relación entre el material industrializado y su arquitectura. Mediante un análisis del detalle constructivo, diseñado y planteado por Prouvé, se pretende que cada grupo trabaje sobre qué ambiente interior, a su juicio, genera esta propuesta realizada a partir de paneles industrializados.

El análisis a la casa debe insistir en la técnica y los materiales utilizados. Si bien ha de estudiarse la casa desde dos enfoques. Por un lado, analizando la vivienda desde la eficiencia y precisión que es capaz de conseguirse en un proceso industrializado. Por otro lado, desde una reflexión sobre la arquitectura, los ambientes y el confort que puede llegar a ofrecer a las personas que la habitan. Son, pues, dos modos de análisis, uno constructivo, desde la mirada que podría plantear el oficio; esto es, una mirada próxima a la que podría hacer un ingeniero. Y otro análisis desde la mirada de aquellos que son revestidos por los materiales analizados; la mirada de aquel que ha de vivir la casa y que también es pensada por el arquitecto en su propuesta. La práctica plantea relacionar, de alguna manera, dos interiores, el de los materiales y el de las personas. En suma, la práctica es planteada como un doble análisis, hacia el interior del sistema constructivo y cómo este afecta a las personas que habitan dentro de la casa.

Jean Prouvé innova en toda su obra procesos constructivos prefabricados mediante la utilización de nuevos materiales, plegando chapas, trabajando con el aluminio, introduciendo la estructura en el interior de los cerramientos o simplificando los sistemas a un mínimo de piezas.

Para la realización de esta práctica cada grupo de trabajo ha de desarrollar un escrito, apoyado por imágenes de los detalles constructivos de la casa de Nancy, acerca del sentido del proceso industrializado y modular de construcción, relacionando el referido proceso con la propia arquitectura de la casa, según el doble enfoque del análisis explicitado.

Como materiales de trabajo, la práctica se apoya en un texto de Prouvé[6] y en la documentación gráfica (plantas y detalles) del proyecto de su casa en Nancy. El texto de Prouvé es un texto sobre la industrialización en Francia y los problemas generados por intereses comerciales. En cuanto a expresión de las ideas del autor, cada grupo deberá tener presente dicho texto en el desarrollo de su trabajo de práctica.

La práctica propone:

01. Un análisis de las piezas que componen toda la casa de Nancy, desde la cimentación hasta la cubierta, pasando por los cerramientos y los paneles de distribución. Se estudiará cómo se ensamblan entre ellas (más que diseccionar el detalle, como si fuera una clase de construcción, se trata de concebir el sentido de la construcción de la casa). Se intentará llegar a conocer qué medios y procesos fueron utilizados para la construcción.

Cada grupo deberá explicar cómo el sistema utilizado permite garantizar la estanqueidad y el aislamiento mediante los cerramientos, la cubierta y el suelo. Se estudiarán las piezas que componen la casa, entendidas como un sistema industrializado en el que los materiales metálicos, las chapas de madera y el vidrio permiten ensamblarse desde un sistema ideado para favorecer la industrialización en el

*Página izquierda:*
*Arriba:* Sección transversal de la vivienda en Nancy
*Abajo:* Planta de la vivienda

*Página derecha:*
*Arriba:* Autoconstrucción de la vivienda prefabricada
*Abajo:* En construcción

[6] Armelle Lavalou (ed.): *Conversaciones con Jean Prouvé.* Gustavo Gili, Barcelona, 2005.

proceso constructivo. Se plantea pues un análisis instrumental de la técnica.

02. Una explicación de los límites que definen los espacios compartimentados de la casa, a partir de piezas desarrolladas desde un proceso industrial, y cómo el módulo afecta a la propia distribución. Se deberá señalar cuáles son los acabados y las texturas del interior de la casa. A su vez se atenderá a como el diseño del panel prefabricado determina un lenguaje manifestado, en cierta manera, por la industrialización y cómo ese lenguaje es referido a un determinado ambiente en la casa.

03. Una diferenciación de las condiciones del exterior frente a las del interior. Una diferenciación entre los acabados de los materiales y la solución constructiva. Una diferenciación que ayude a concebir el sentido, desde las cuestiones meramente constructivas, del sistema industrializado, así como desde el confort y el ambiente interior que son capaces de generar estos sistemas. Se plantea, en suma, entender la casa como consecuencia de un contexto y unas necesidades que atienden a la rapidez constructiva por un lado y, por otro lado, a las condiciones de confort que exige el hecho de vivir la casa.

**BIBLIOGRAFÍA:**

LA PUERTA, José María de: "Jean Prouvé. Casa prefabricada, Nancy", en revista A*V Monografías n.º 132: Casas de Maestros,* 2008 (pp. 81-91).

SULZER, Peter: *Jean Prouvé. Œuvre complète/Complete Works. Volume 4: 1954-1984.* Birkhäuser Verlag AG, Basel 2008.

LAVALOU, Armelle (ed.): *Conversaciones con Jean Prouvé.* Gustavo Gili, Barcelona, 2005.

# P4

## CLASE PRÁCTICA 04.
## PERCEPCIÓN Y EXPERIENCIA SENSORIAL.

Tipo de práctica: Grupo (hasta cuatro personas).
Materiales: Textos y referencias artísticas.
Duración: Dos clases prácticas (1. Tutorización de trabajos / 2. Exposición y entrega).
Exposición pública: Obligatoria.

" (...) while the tactile space separates the observer from the objects, the visual space separates the objects from each other (...) the perceptual world is guided by the touch, being more immediate and welcoming than the world guided by sight".
Peter Zumthor: *Thinking Architecture*, 2005

Esta práctica implicará el desarrollo de un trabajo de campo lo más personal posible sobre alguno de los siguientes edificios del Campus de la Universidad de Alicante que se relacionan a continuación:

- Museo de la UA. Alfredo Payá, 1994-98
- Edificio Germán Bernácer. Javier García Solera, 1995-96
- Rectorado de la Universidad. Álvaro Siza, 1995-97
- Institutos Universitarios. Íñigo Magro y Miguel del Rey, 1996-97
- Edificio Politécnica IV. Lola Alonso, 1997-99
- Aulario III. Javier García Solera, 1999-2000

No se trataría tanto de analizar las relaciones de escala, proporción, forma, texturas, luz o color de la obra escogida, sino de profundizar en la experiencia sensorial al contemplar, recorrer, detenerse frente o usar estas arquitecturas.

En este sentido, la práctica debe plantearse como un ejercicio puro de estilo, libre de prejuicios y de compromisos técnicos, constructivos o funcionales.

El trabajo, a través del formato libremente elegido, deberá construir una narrativa basada en alguna de estas cuestiones a las que, justificadamente, el alumno podrá añadir otras relacionadas con algunos de los siguientes temas de estudio:

1. Experiencia de los límites
2. Relación con el cuerpo (sensaciones)
3. Psicología de la Gestalt
4. (Materia, luz y color)

La práctica tendrá un doble formato de entrega:

Por un lado, un formato libre (reportaje-*collage* o manipulación fotográficos, vídeo, *storyboard*, etc.) mediante el cual deberá plasmarse de la forma más personal y subjetiva posible su experiencia arquitectónica del edificio escogido.

Por otro lado, un texto de extensión máxima de mil palabras que deberá entregarse en archivo PDF y donde cada grupo, a partir de los textos y materiales de referencia para esta práctica, argumentará el sentido de su trabajo, relacionándolo con alguna de las coordenadas (experiencias artísticas) propuestas a continuación:

- James Turrell: Intervención en el Museo Guggenheim, Nueva York, 2013
- Anish Kapoor: *Islamic Mirror,* Murcia, 2008-2009
- Sanaa: Instalación en el Pabellón de Barcelona, 2008-2009
- Philippe Rahm: *Diurnisme,* Centre Pompidou, París, 2007
- Olafur Eliasson: *The Weather Project*, Tate Modern, Londres, 2003
-Diller & Scofidio: *The Blur Building,* Yverdon-les-Bains, Suiza, 2002

*Página izquierda:*
*Arriba:* MUA, Museo de la Universidad de Alicante
*Centro:* Edificio Germán Bernácer
*Abajo:* Rectorado de la Universidad de Alicante

*Página derecha:*
*Arriba:* Institutos Universitarios
*Centro:* Politécnica IV
*Abajo:* Aulario III

## BIBLIOGRAFÍA:

BOSCH, Eulàlia: *El placer de mirar. El museo del visitante.* ACTAR, Barcelona, 2005

ARNHEIM, Rudolf: *La forma visual de la arquitectura.* Gustavo Gili, Barcelona, 2001 (*The Dynamics of Architectural Form*, edición original en inglés de 1977)

MERLEAU-PONTY, Maurice: *Fenomenología de la percepción.* Planeta-Agostini, Barcelona, 1985 (*Phénoménologie de la perception*, edición original en francés de 1945)

# P5

## CLASE PRÁCTICA 05.
## PRIVACIDAD & PUBLICIDAD.

Tipo de práctica: Grupo (hasta cuatro personas).
Materiales: Textos.
Duración: Dos clases prácticas (1. Tutorización de trabajos /
2. Exposición y entrega).
Exposición pública: Obligatoria.

Se propone la lectura de los capítulos del libro de Beatriz
Colomina *Privacidad y Publicidad. La arquitectura moderna
como medio de comunicación de masas.*

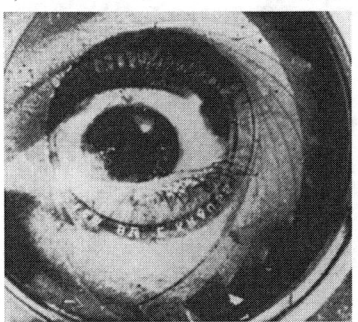

Ambos capítulos, titulados "Interior" y "Ventana", se centran
en la obra de dos de los principales maestros modernos, res-
pectivamente, Adolf Loos y Le Corbusier. Colomina plantea
una nueva interpretación de la arquitectura moderna como
algo que oscila entre la cuestión del espacio y la de su representación. En este sentido, la tesis del libro de Colomina es
que la arquitectura moderna no es tanto "moderna" con base
en su respuesta a nuevos programas o nuevos materiales
sino en el descubrimiento, por parte de estos arquitectos pio-
neros, del potencial de los medios de comunicación; hasta el
punto de que la arquitectura, ella misma, se convierte en un
medio de comunicación que solo puede entenderse cuando
se hace conjuntamente con la fotografía, el cine, la publicidad, la moda y otras formas de comunicación de masas.

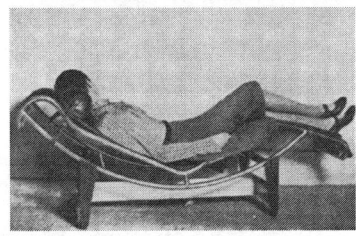

*Arriba:* Dziga Vértov, fotograma de *El
hombre de la cámara*, 1929
*Abajo:* Charlotte Perriand en la *chaise
long* en posicion horizontal

Como ha afirmado Jean-Louis Cohen, con su investigación
sobre la aparente contradicción entre el campo de la privacidad, la vida íntima en el hogar y el de la comunicación pública, Colomina construye una novedosa y seductora interpretación de las estrategias de proyecto de Loos y Le Corbusier
que arrojan nueva luz al discurso moderno.

Colomina recurre a la exploración de las herramientas
de las teorías cinematográficas, la mirada y el espectador y las utiliza para entender el espacio doméstico de la
modernidad. De este modo, al repensar radicalmente la

*Arriba:* Le Corbusier, fotograma de *L'Architecture d'Aujourd'hui*
*Centro:* Le Corbusier, villa Stein, 1926
*Abajo:* Loos, salón a doble altura de la casa para la Vienna Werkbundsiedlung, 1932

arquitectura moderna como medio de comunicación, la autora da también cabida a los problemas de género, prestando una singular atención a la relación entre sexualidad y espacio.

La práctica consta de dos partes. La primera consistirá en un análisis comparado de ambos capítulos, reflexionando sobre aquellos aspectos que se consideren comunes y/o divergentes en las estrategias de producción arquitectónica de Loos y de Le Corbusier. Cada grupo deberá discutir argumentadamente aquellos temas que considere más relevantes de estos dos capítulos del libro en un texto de alrededor de mil palabras.

Para la segunda parte de la práctica cada equipo deberá escoger y estudiar una de las siguientes viviendas modernas desde las tesis de Colomina. Esta parte consistiría, por tanto, en desarrollar –como hace la propia autora– una labor detectivesca para conocer con la mayor profundidad posible la obra escogida, desvelando sucesivas capas de información que ayuden a entender el espacio arquitectónico desde diversos puntos de vista. En este sentido, se trataría de conocer la obra en relación con cuestiones tales como las de su representación y dimensión mediática, la fotografía, el cine, la publicidad, la moda y otras formas de exposición visual. Asimismo podría indagarse en aspectos como el cuerpo, el género o la tensión entre lo público y lo privado para construir, con estas nuevas formas de entender la arquitectura moderna, un relato lo más personal posible de uno de los siguientes episodios domésticos más célebres del siglo pasado.

El formato de esta segunda parte será libre. No obstante, será necesario que los equipos acuerden entre ellos las viviendas escogidas, de modo que, en la medida de lo posible y salvo casos excepcionales, no se repitan obras.

Propuesta de obras:

01. Casa estudio en Kings Road (Rudolf Schindler, Los Ángeles, 1922)
02. Casa Schröder (Gerrit Rietveld, Utrecht, 1924)
03. E-1027 (Eileen Grey, Roquebrune, Cap Martin,1926-29)
04. Lovell Health House (Richard Neutra, Los Ángeles, 1928-29)

05. Casa Schminke (Hans Scharoun, Lobau, 1930-33)

06. Casa Malaparte (Adalberto Libera, Capri, 1937)

07. Casa Barragán (Luis Barragán, México DF, 1948)

08. Farnsworth House (Mies van der Rohe, Plano, Illinois, 1949-52)

09. Glass House (Philip Johnson, New Caanan, CT, 1949)

10. Vivienda experimental (Alvar Aalto, Muuratsalo, 1953)

**BIBLIOGRAFÍA:**

COLOMINA, Beatriz: *Privacidad y Publicidad. La arquitectura moderna como medio de comunicación de masas.* CENDEAC-COAMU, Murcia, 2010 (edición original *Privacy and Publicity. Modern Architecture as Mass Media.* The MIT Press, Cambridge, Massachusetts, 1994).
(Texto básico para la realización del ejercicio)

# P6

**CLASE PRÁCTICA 06.**
PINA-WENDERS: A TRAVÉS DE LA DANZA, EL ESPACIO COMO LUGAR.

Tipo de práctica: Grupo (hasta cuatro personas).
Materiales: Película: *Pina*. Dir. Wim Wenders, 2011. Duración 100 min.
Duración: Dos clases prácticas (1. Tutorización de trabajos / 2. Exposición y entrega).
Exposición pública: Obligatoria.

La película *Pina* recoge numerosos escenarios para la danza. Son escenografías cinematográficas que muestran un espacio urbano, un parque, un café o un teatro, según el *sketch* de cada pieza.

Para realizar esta práctica es necesario ver atentamente la película. En el transcurso de la misma, mientras se esté viendo cada escena, se deberá dirigir la mirada hacia los límites del espacio y, a su vez, a quienes irrumpen en él. Es necesario retener en la mente los límites, por un lado, y, por otro, los movimientos que protagonizan un contenido en él. La práctica plantea concebir el espacio como el vacío que queda entre los límites que definen la escenografía. Este es definido por los márgenes que la película expone pero es cualificado a partir de los movimientos de aquellos objetos y personas que lo ocupan.

Antes de realizar el trabajo cada equipo deberá escoger y enumerar al menos cinco de las escenografías de la película que el grupo considere más interesantes. Se planteará una explicación muy breve de las distintas escenas a partir de sus límites, de los materiales y texturas que definen cada espacio. Cada una de ellas deberá ser resumida o, mejor dicho, definida con una única frase por muy corta que sea. Entre todas, se escogerá una para realizar la práctica. El trabajo propiamente dicho tendrá dos partes:

• La primera consistirá en discutir la escenografía escogida y en explicar los motivos para su elección. Se trata de hacer un

Fotogramas de la película *Pina* (2011)

breve comentario sobre el lugar o la danza que más haya interesado al grupo, realizando el esfuerzo de identificar y transmitir el interés que ha despertado ese lugar. Esta primera parte así como la fase preparatoria pueden entenderse como un texto de alrededor de mil palabras.

• La segunda parte, realizada con formato y técnica libre, deberá desarrollar los siguientes aspectos:

Primero: una definición del lugar que queda enmarcado en cada escena de la película, aquello que es mostrado a partir de unos límites físicos. Se tendrá especial cuidado en enumerar los elementos que definen cada escenografía de forma específica y precisa, de manera que pueda determinarse cuál es el espacio acotado para la danza. Cualquier escenografía ha de ser explicada: un fondo determinado por árboles, coches, una habitación, ventanas, sillas, el interior de un tren o la propia oscuridad han de ser caracterizados mediante una enumeración que aclare cuáles son los límites superiores, laterales e inferiores del lugar. Ya sean materiales o inmateriales –puede darse el caso de que un límite no se vea, caracterizado por la oscuridad, o que otro quede definido por agua en movimiento, o que quede tapado por objetos–, el lugar y los límites han de llegar a ser definidos con claridad y de forma concreta. Se pide rigor y exactitud en la definición de cada uno de los espacios que tratar.

Segundo: se analizará el acontecimiento que protagoniza una actividad en el espacio. La danza será analizada de manera libre, deberá recoger sensaciones producidas por el cuerpo, sentimientos sobre expresiones corporales, sobre el peso, sobre los movimientos, o desde el espacio cuando es ocupado por un cuerpo bailando. De alguna manera se deberá recurrir a los aspectos referidos a la danza analizada, que plantean una expresión que se desliga de las tensiones musculares del cuerpo, para presentar tensiones del espíritu, referido a las sensaciones que transmiten las expresiones corporales de las personas que se encuentran danzando en la escena elegida.

Por último: se valorará el espacio y el lugar a partir de un contenido. Se estudiará cómo el contenido del espacio puede cambiar la concepción de este y cómo el espacio, en su condición de vacío entre los límites que lo definen, adquiere contenido a partir de una actividad, en este caso artística. Para ello se estudiará si hay una coordinación entre los límites que lo definen y el contenido que le da la danza. Se analizará el espacio ocupado por los cuerpos en movimiento, y también aquel que no es ocupado, definiendo las figuras en movimiento de las personas que danzan y dónde no lo hacen, como si de un cuadro en movimiento se tratara, con figuras dinámicas que contrastan con los fondos en los marcos de la composición pictórica. Será necesario explorar y determinar cómo las personas dan un contenido al espacio y al revés, reparando en cómo el espacio adquiere un sentido distinto según sus límites y según las personas que lo ocupan.

Fotogramas de la película *Pina* (2011)

## BIBLIOGRAFÍA:

CLIMENHAGA, Royd: *The Pina Bausch Sourcebook. The Making of Tanztheater.* Routledge, Londres, 2012.

CLIMENHAGA, Royd: *Pina Bausch Sourcebook.* Routledge, Londres, 2009.

KAY, Ronald: *Pina Bausch et compagnie.* L'Arche, Paris, 1988.

CAMARADE, Hélène PAOLI y Marie-Lise (dir.): *Marges et territoires chorégraphiques de Pina Bausch.* L'Arche, Paris, 2014.

VÁSQUEZ ROCCA, Adolfo E. : "Pina Bausch: Danza Abstracta y Psicodrama Analítico", en Revista *Observaciones Filosóficas* n.º 3, 2006.
*http://www.observacionesfilosoficas.net/artpinabau.html*

WENDERS, Wim: *Wim Wenders. Places, strange and quiet.* Gerd Hatje Cantz, Ostfildern, 2011.

# P7

## CLASE PRÁCTICA 07.
## LA CASA DEL FUTURO.

Tipo de práctica: Grupo (hasta cuatro personas).
Materiales: Textos y documentación gráfica. La búsqueda de otros materiales gráficos de la propuesta expositiva será tarea de cada equipo.
Duración: Dos clases prácticas (1. Tutorización de trabajos / 2. Exposición y entrega).
Exposición pública: Obligatoria.

Se propone la lectura del capítulo 2 del libro *Utopías domésticas. La casa del Futuro de Alison y Peter Smithson*, publicación de la tesis doctoral de Nieves Fernández Villalobos (Fundación Caja de Arquitectos, Barcelona, 2013).

Esta última práctica del curso parte del análisis de una casa exhibida. Se plantea analizar un objeto que se expuso en 1956 como representación de la Casa del Futuro en el sexagésimo aniversario del periódico británico *Daily Mail*. Del 5 al 31 de marzo de 1956, en el Olympia Exhibition Hall de Londres, se mostró al público *La Casa del Futuro*, de Alison y Peter Smithson. Se construyó a escala 1:1, y en su interior había personas que escenificaban una forma de vida que contenía los avances tecnológicos que se suponía que iban a acontecer en la siguiente generación.

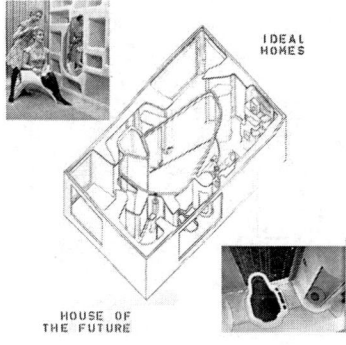

*Arriba:* La Casa del Futuro, esquema de montaje e imagen de la exposición

Tras haber analizado durante el curso diversos aspectos sobre viviendas proyectadas por grandes arquitectos del siglo XX, el objetivo de la práctica es plantear un análisis referido a la vivienda como representación y exhibición de un modo de vida. Para ello se analizará la Casa del Futuro, como objeto expuesto, y como el propio escenario y los dispositivos mediáticos construidos a su alrededor para exhibirla.

El ejercicio consta de dos partes. La primera de ellas, a su vez, comprenderá dos análisis: uno sobre la propuesta de vivienda proyectada por Alison y Peter Smithson y otro sobre la propuesta que envolvía a la casa para poder ser observada.

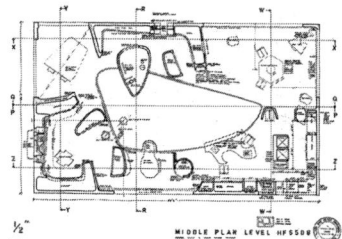

Las dos propuestas fueron planteadas globalmente por los arquitectos y construidas en una única sala de exposiciones. Ambas quedan referenciadas en el texto que acompaña a la práctica. Se pide, por tanto, que tras la lectura del texto citado cada grupo, a partir de las plantas, alzados, secciones y fotografías publicadas, analice la Casa del Futuro y la propuesta para la exposición de la vivienda.

El análisis deberá atender al siguiente contenido:

Sobre la Casa del Futuro:

01. Programa definido en las plantas del proyecto.
02. Medidas.
03. Accesos a la casa.
04. Huecos y relación con el exterior.
05. Límites.
06. Definición del patio y relación con la casa.
07. Recorridos principales según usos.
08. Materiales.
09. Mobiliario.
10. Objetos ubicados en el interior.
11. Personas que ocupan el espacio interior.

Sobre la propuesta expositiva:

01. Límites.
02. Recorridos.
03. Entrada, salida.
04. Altura, niveles.
05. Puntos de vista.
06. Materiales.

En el segundo apartado cada grupo deberá aportar una interpretación personal sobre el proyecto y el conjunto de la propuesta expositiva. Cada grupo planteará, en formato libre, una exposición en clase de las ideas derivadas de su análisis del doble proyecto de los Smithson y del texto proporcionado. En este sentido, se deberá entender esta práctica como una reflexión global acerca de todo aquello en lo que se ha trabajado sobre el curso: la utopía de un futuro tecnológico y social (P1), la casa como escenario (P2), la condición material de la arquitectura (P3), la percepción visual (P4), las políticas de la mirada y lo borroso de los límites entre lo público y lo privado (P5), la relación entre el cuerpo y el espacio arquitectónico (P6) y, finalmente, la ironía del relato posmoderno.

Se trataría, en suma, de una reflexión global sobre la casa como objeto habitable pero también como pieza expuesta al escrutinio de la mirada, es decir, la casa alejada de la experiencia del habitar, de las vivencias y el espacio íntimo. Se propone por ello abordar el trabajo desde la relación entre dos modos de representarse, uno como personas que son objetos de exposición y otro en cuanto público, como sujeto que mira la representación de lo privado. Por último, se propone también un ejercicio desprejuiciado y personal de reflexión sobre el pasado de nuestro futuro y el futuro de nuestro pasado, tal como se anudan en esta fantasía doméstica.

Página izquierda:
Arriba: Planta de la Casa del Futuro
Abajo: Imágenes de la exposición de la Casa del Futuro

Página derecha:
Imagen de la exposición de la Casa del Futuro

**BIBLIOGRAFÍA:**

FERNÁNDEZ VILLALOBOS, Nieves: *Utopías domésticas. La casa del Futuro de Alison y Peter Smithson*. Fundación Caja de Arquitectos, Barcelona, 2013.
(Texto básico para la realización del ejercicio)

RISSELADA, Max: *Alison y Peter Smithson. De la casa del futuro a la casa de hoy*. Polígrafa, Barcelona, 2007.

VIDOTTO, Marco: *Alison + Peter Smithson. Obras y proyectos*. Gustavo Gili, Barcelona, 1997.

SMITHSON, Alison y SMITHSON, Peter: *Cambiando el arte de habitar*. Gustavo Gili, Barcelona, 2001.

# SELECCIÓN de TRABAJOS del CURSO 2013-2014

## CLASE PRÁCTICA 01.
## SUPERSURFACE.

**P1_G1:**
GRUPO DE PRÁCTICAS 1 .
PROFESOR: CARLOS BARBERÁ.
AUTORA: FERRANDO FERRANDO, ELISABETH.

La existencia del ser humano empieza por el total conocimiento y entendimiento de su propio cuerpo. Esta práctica nos lleva a relacionarnos con nuestro entorno.

A mi parecer, este film muestra la necesidad de comunicación con el entorno y la creación de un paisaje propio, personal y afectivo.

En un principio, esta comunicación se ha llegado a formalizar mediante herramientas y objetos creados para desinhibir esas relaciones y llevarlas a un extremo liberal. Pero la creación de objetos ajenos y espacios arquitectónicos predominantes ha destruido la esencia misma del ideal humano y ha convertido esta especie en un sistema caótico de infraestructuras consumidas y habitables sin tomar en cuenta el paisaje próximo.

SUPERSTUDIO toma como punto de partida la crisis del sistema capitalista y elitista, esta puerta abierta hacia un cambio de mentalidades se refleja en la creación utópica de un lugar amplio y no jerarquizado: SUPERSURFACE. Este territorio, una cuadrícula de información, se define como el punto de partida, donde la estancia del ser humano puede ser efímera o sedentaria, pero comunicada con el entorno social próximo o lejano.

En ese conjunto de información e individuos, aparecen relaciones sociales igualitarias y estatutos no definidos, lo cual lleva a una total liberación del individuo.

Supongo que esta intuición tecnológica se ve reflejada hoy en día ya que la tecnología está al alcance de todo el mundo, pero las imágenes proyectas van más allá del simple hecho tecnológico. SUPERSTUDIO nos invita a imaginar un lugar vacío de arquitectura convencional y a vernos únicamente como seres sociales, entregados a la vida, sin compromisos y lejos de la realidad actual.

http://ul.to/xoym3d9u

*Este tema es muy complejo de abordar. El avance alcanzado hasta ahora nos lleva a entender que cada individuo tiene un rol en la sociedad y que esa libertad de "movimiento" no es viable a la hora de afrontar la vida en sí.*

*Como he comentado en el primer párrafo, el ser humano necesita un punto de referencia, un lugar concreto. Aquí aparece una cierta contradicción, ya que, si el Hombre se vuelve sedentario, se construirá una estructura social propia, esta última se verá constituida por una serie de acumulación de información tanto sensorial como emocional y material y podrá diferir de la de los demás, lo cual crea en sí una jerarquía y nos lleva de nuevo al mismo problema.*

*Esta complejidad viene dada por las nuevas parejas del siglo moderno, el hombre y la máquina, la herramienta y el cuerpo. La tecnología nos hace prisioneros de un nuevo sistema alienante, dejando de nuevo atrás la naturaleza en sí, el nuevo paisaje del ser humano viene definido por una memoria informática.*

*La vuelta a lo espiritual se verá dada cuando explote la crisis tecnológica y social.*

Uno de los objetivos de las prácticas del curso de Composición Arquitectónica 4 es que los estudiantes lleguen a apropiarse de los materiales de trabajo para poder construir sus propias interpretaciones de los temas propuestos. El motivo por el que se ha seleccionado el texto de Elisabeth Ferrando para esta publicación docente es porque, de algún modo, esta estudiante se ha referido directamente a esta cuestión fundamental. Según ella misma expresa en su comentario, "esta práctica nos lleva a relacionarnos con nuestro entorno"; es decir, subraya la importancia de indagar y de establecer conexiones entre las cosas y las ideas sobre las que se ha articulado este curso práctico.

Dado que se trata de una introducción al contenido de los siguientes trabajos del curso, el enunciado de este ejercicio incide en la necesidad de conformar un entorno referido a textos y obras de arquitectura que permitan crear razonamientos propios desde las relaciones que el alumno sea capaz de crear con estos. Por ello, la primera práctica del curso es justamente eso, una toma de contacto desprejuiciada con los materiales del mismo; una provocación para producir vínculos a partir de los datos y de la información facilitados. El escrito de esta alumna aborda expresamente esta cuestión reiterando, según sus propias palabras, "la necesidad de comunicación con el entorno y la creación de un paisaje propio, personal y afectivo".

**P1_G4:**
GRUPO DE PRÁCTICAS 4.
PROFESOR: JOSÉ PARRA.
AUTORA: HERRANZ BAÑÓN, GLORIA.

*El vídeo posee una alta carga visual. Comienza usando una gran cantidad de imágenes al puro estilo surrealista para explicar una realidad futura en la que la tecnología permite un nuevo tipo de hiperrealidad mediante el vínculo de cuerpo y mente, para descubrir y crear una mayor conexión introspectiva del individuo. Las imágenes utilizadas también recuerdan mucho a fotogramas de la película 2001, Una odisea en el espacio y sobre todo se ven influenciadas por la estética de los cómics de ciencia ficción de los años 50 americanos, todo esto refuerza dicha estética futurista. Lo que está claro es que tiene un alto contenido de referencias a la cultura pop de la época (muchas de las cuales seguramente no he reconocido).*

*Esta nueva tecnología proporcionaría una comunidad alternativa sin la necesidad de estructuras como tradicionalmente las concebimos, trabajando a distintos niveles y estratos. Este estudio de la verticalidad en las redes que proponen me recuerda a los dibujos de Yona Friedman y a Archigram, con grandes "displays" de infraestructuras que no se rigen por las normas habituales de ordenación.*

*Su distribución de retícula y nexos sobre el territorio inspira la imagen de un videojuego de gestión del territorio e, incluso, al incluirle vida, más a un juego de simulación como pudiera ser Los Sims. Un universo paralelo digital en el que vivir, al fin y al cabo, que te permite elegir el tiempo y el lugar donde vas a vivir, como una proyección astral, casi inducida por las drogas. Parece la promesa de un nuevo edén, con su Adán y Eva personificados a modo de ejemplo, todo de blanco y en un paraje idílico, felices y comiendo la fruta prohibida, pero enchufados y enganchados a su punto de conexión de la red. Casi asemeja una secta, despojando a las personas de todo bien material para elevarlas a otro nivel espiritual donde pueden llegar a intimar consigo mismos como individuos.*

http://ul.to/czyrtbrw

*En mi opinión, concibe una sociedad ultracivilizada donde se pierde la conexión real con el territorio y se vuelca todo a lo virtual, un poco lo que nos viene pasando a nosotros con las*

*nuevas tecnologías. Me recuerda a* Fractale, *donde la gente vive como loca en una sociedad donde existe una red de este tipo, buscando puntos de conexión a la real, y donde la conexión con el individuo es tal que se considera egoísta el hecho de vivir en familia bajo un mismo techo.*

Frente a la desorientación de muchos de sus compañeros, abrumados por un material con el que apenas estaban familiarizados, bien sea por la cantidad de información, o por la dificultad de reconocer en el lenguaje de *Superstudio* referencias culturales y recursos visuales propios de la época, esta estudiante es capaz de delimitar con precisión varias de las obsesiones de este grupo de arquitectos radicales.

La práctica consistía, precisamente, en explorar la capacidad interpretativa de los estudiantes al enfrentarse a un proyecto artístico sobre el que, en principio, no disponían de más datos que las pistas aportadas por la contextualización del enunciado. Gloria Herranz recurre a sus propias inquietudes, arquitectónicas, cinematográficas e, incluso, a campos tan diversos como el videojuego o el cómic, para establecer sugerentes paralelismos entre lo que ella conoce y lo que ha visto en el vídeo, es decir, para interpretar y proponer ideas de una forma creativa.

## CLASE PRÁCTICA 02.
## REFLEXIONES SOBRE LA CASA EAMES.

**P2_G1G1:**
GRUPO DE PRÁCTICAS 1 / GRUPO DE TRABAJO 1.
PROFESOR: CARLOS BARBERÁ.
AUTORES:
BEN AHMED, WAIL.
FERRER SARMIENTO, TATIANA.
MARTÍN CARBALLO, MIGUEL.
RAMOS PASTOR, ISRAEL.

El trabajo seleccionado para esta práctica desarrolla una serie de fotomontajes que interpretan la Casa Eames como un decorado, un dispositivo destinado a publicitar un determinado modo de vida. La vivienda es presentada como una escenografía para un *spot*, un plató fotográfico o televisivo que recrea la mítica Case Study House como si fuese una estructura preparada para los medios de comunicación, bien sea la fotografía o el cine.

El razonamiento de los alumnos está referido a los materiales propuestos para este ejercicio y, más concretamente, al análisis de Colomina de la casa como una estructura que deviene transparente. Asumiendo las estrategias de seducción visual desplegadas por los propios arquitectos al fotografiar su vivienda, los alumnos toman distancia de la casa y la convierten en un decorado, poniendo así en valor su sentido último, esto es, ofreciendo una visión de la casa como si fuera un soporte para la producción de imágenes. Al alejarse de la visión de la obra como objeto arquitectónico, al prescindir de su realidad material y de su condición más doméstica, los alumnos logran aprehender la esencia de la casa y, aunque pueda resultar paradójico, es precisamente a través del distanciamiento como consiguen acercarse mucho más que otros trabajos al modo en que los Eames entendieron su propia casa.

http://ul.to/c30j4lzq

**P2_G3G7:**
GRUPO DE PRÁCTICAS 3 / GRUPO DE TRABAJO 7.
PROFESOR: JOSÉ PARRA.
AUTORES:
ANTÓN FERNÁNDEZ, JORGE.
CARRATALÁ RICO, JOSÉ LUIS.
DÍAZ MOLLÁ, JOSÉ.
SANJUÁN MARTÍNEZ, CARLOS.

Este trabajo consistió en la realización de una maqueta a escala 1:50 del espacio a doble altura de la vivienda del matrimonio Eames en Santa Mónica. Este modelo estaba efectuado con piezas de Lego, escogiendo, entre las diferentes posibilidades existentes, aquellas con las que mejor podían reconstruir los elementos singulares que definen la obra y la relación de esta con su entorno suburbano (los árboles de la parcela, la estructura metálica, los paneles de la fachada, etc.). Pero también varios de los objetos que han conformado la memoria visual de la casa, fotografiada recurrentemente por sus propios autores y por algunos de los fotógrafos más influyentes de la arquitectura moderna, entre ellos, Julius Shulman. Precisamente, los estudiantes se han servido de este material de archivo para identificar y recrear muchos de los objetos icónicos que pueblan esas fotografías: los muebles, los restos del antiguo *pier* de Santa Mónica y hasta las macetas que aportan un contrapunto doméstico al sofisticado dispositivo tecnológico que constituye el armazón de la vivienda.

La forma de materializar este trabajo también incide en la capacidad de observación de los Eames y en su habilidad para seleccionar y disponer los objetos que contiene la casa y que la definen a través de su continua reconfiguración. Resulta especialmente oportuno el hecho de emplear un juego de construcción basado, precisamente, en la reconfiguración de realidades en miniatura a partir de piezas básicas. Los estudiantes han recurrido a objetos y obras de arte representativas de los últimos años, referencias culturales que definen su tiempo y sus preferencias personales y han disfrutado ensayando múltiples opciones sobre su maqueta, tal como hubieran hecho los propios Eames.

http://ul.to/axgyxe7n

**PRÁCTICA 03.**
**PROUVÉ: VIVIENDA PREFABRICADA EN NANCY.**

**P3_G1G6:**
GRUPO DE PRÁCTICAS 1 / GRUPO DE TRABAJO 6.
PROFESOR: CARLOS BARBERÁ.
AUTORES:
MÁS MENGUAL, MARÍA.
ORTÍZ MACIÁ, CARLOS.
ORTÍZ MARTÍNEZ, LUIS.
QUINTO FERNÁNDEZ, ALEJANDRO.

El enunciado de este ejercicio sobre la casa de Nancy es una propuesta compleja que aborda los planteamientos de Jean Prouvé acerca del valor de industrialización en arquitectura. La práctica aúna el sentido que tiene construir una casa desde su concepción técnica hasta su concepción más arquitectónica, esto es, la de crear una atmósfera para habitar un espacio. La contextualización de la casa de Nancy incide en la dificultad y, al mismo tiempo, en el interés de aunar esfuerzos por parte del arquitecto cuando este y sus colaboradores tuvieron que cerrar su fábrica y decidieron aprovecharon el *stockage* final de materiales y componentes para erigir su propia vivienda. En este sentido, aquella empresa debe leerse como un ejemplo del compromiso y la necesidad de hacer arquitectura en momentos de dificultad.

El trabajo seleccionado, realizado a partir de citas del propio Jean Prouvé, supone un intento por adentrarse en el universo de la construcción de una casa, intentando describirlo a partir de los textos y los materiales que el propio autor utilizó para explicar su obra en Nancy. El trabajo concede la misma importancia a las cuestiones arquitectónicas de la casa que a sus aspectos constructivos. El escrito indaga sobre la finalidad de la construcción: crear un hogar; y lo hace poniéndose en la piel del propio Jean Prouvé, respondiendo perfectamente al enunciado de la práctica.

http://ul.to/05psxn9b

**P3_G4G2:**
GRUPO DE PRÁCTICAS 4 / GRUPO DE TRABAJO 2.
PROFESOR: JOSÉ PARRA.
AUTORAS:
MUELA RIPOLL, MERCEDES.
RICO VIDAL, SOLEDAD.
RUIBAL ELENO, OLGA.
TORRES GALVAÑ, SONIA.

Las autoras del trabajo proponen una de las soluciones más ingeniosas a una práctica en cuya presentación muchos de los equipos recurrieron a planteamientos similares, casi todos ellos basados en la mera descripción gráfica de la vivienda. Aunando análisis e interpretación −en este caso literalmente−, este equipo recurre a la escritura de un argumento teatral y de su dramatización en clase para poner en valor los diferentes elementos arquitectónicos que configuran la casa, su formalización espacial y el uso que los habitantes, el propio Jean Prouvé y su mujer hacen de cada uno de ellos.

A través de un inteligente guion, este equipo integrado exclusivamente por alumnas aporta un punto de vista diferente. La conversación entre los arquitectos Prouvé y Camus (personaje que representa posiciones reaccionarias y el recelo ante los innovadores planteamientos de su homólogo) trata sobre los pros y contras de un sistema de naturaleza tecnológica. Los personajes de las esposas de ambos, uno en el papel de usuaria orgullosa de su vivienda tan especial y la otra como personaje opuesto y cargado de prejuicios, recorren la casa estancia por estancia discutiendo sobre el interés de cada espacio, reparando en elementos inusuales o simplemente haciendo comentarios de lo más doméstico.

La originalidad del planteamiento, que permite la simultaneidad en las escenas de dos puntos de vista −para los cuales las autoras se sirven hábilmente de los roles de género de la época−, así como la agilidad del guion y el sentido del humor, central en este trabajo, hacen de este ejercicio uno de los trabajos mejor resueltos de todo el curso.

http://ul.to/hsxg77y6

## CLASE PRÁCTICA 04.
## PERCEPCIÓN Y EXPERIENCIA SENSORIAL.

**P4_G1G5:**
GRUPO DE PRÁCTICAS 1 / GRUPO DE TRABAJO 5.
PROFESOR: CARLOS BARBERÁ.
AUTORES:
ALVARADO CANO, JUAN ANTONIO.
CASTILLO ALBEROLA, BORJA.
LÓPEZ-MENCHERO ORTÍZ DE SALAZAR, JAVIER.
RUIZ HERNÁNDEZ, JUAN JOSÉ.

Hablar sobre percepción en arquitectura plantea adentrarse en un edificio con la dificultad que supone poder explicarlo desde la experiencia. Los sentidos, en cuanto que son responsables de la relación del cuerpo con la arquitectura, son los medios en los que se apoya esta práctica para desarrollar una reflexión sobre la percepción. Se plantea además el problema de trasmitir sensaciones, ya que la experiencia sensible es siempre subjetiva.

Este grupo ha realizado un vídeo sobre el edificio de Rectorado de la Universidad de Alicante. El vídeo muestra una serie de imágenes tomadas desde distintos puntos que podrían parecer fotografías pero que son secuencias de vídeo. Se trata de planos fijos, en ocasiones deliberadamente desenfocados y que incorporan también los ruidos captados durante el proceso de grabación. De esta manera los espacios filmados hacen hincapié, además de en la imagen referida a la mirada, en el sonido, hábilmente utilizado como un recurso para enfatizar la imagen al producir asociaciones mentales. El trabajo potencia la información proporcionada por los sentidos, interpretando mediante la cámara, sus posiciones, sus encuadres y la iluminación aquello que puede percibirse al visitar el edificio. Lo interesante del trabajo, del que además debe ponerse en valor su cuidadosa técnica, es que aporta una manera muy personal de ver el sonido a través de las imágenes y de escuchar esas mismas imágenes a través del ruido de fondo que producen los usuarios del edificio.

http://ul.to/1z56w6bb

**P4_G3G2:**
GRUPO DE PRÁCTICAS 3 / GRUPO DE TRABAJO 2.
PROFESOR: JOSÉ PARRA.
AUTORES:
DÍAZ DE ARGANDOÑA ARAUJO, CAROLINA.
MARTÍNEZ SANCHÍS, RUBÉN.
MIRALLES ARMIÑANA, RAFAEL.

El trabajo seleccionado convierte el Museo de la Universidad de Alicante en protagonista de un cortometraje, *Oasis*, rodado en sus espacios más representativos. Sus autores construyen un guion en torno a determinadas situaciones arquitectónicas que se adueñan del espacio cinematográfico. *Oasis* gira en torno a la idea de confinamiento. El edificio y sus límites son protagonistas de esta historia compleja y sugerente. Una narración abierta a múltiples interpretaciones, tantas como estados de ánimo inducidos por las diferentes percepciones del lugar. La experiencia directa de la arquitectura es relatada a través de cuidadas puestas en escena y movimientos de cámara que remiten a la experiencia individual del espectador para recrear en él poderosas sensaciones.

El cortometraje está repleto de hallazgos visuales y conceptuales. La luz forma parte del hilo argumental, recorre diferentes recintos e incide sobre los materiales y sus cualidades expresivas, invitando a reconocer personajes de medianoche que se mueven a un ritmo agónico o seres diurnos atrapados en un estatismo pétreo.

http://ul.to/qk5nmtix

**PRÁCTICA 05.**
**PRIVACIDAD & PUBLICIDAD.**

**P5_G1G6:**
GRUPO DE PRÁCTICAS 1 / GRUPO DE TRABAJO 6.
PROFESOR: CARLOS BARBERÁ.
AUTORES:
MÁS MENGUAL, MARÍA.
ORTÍZ MACIÁ, CARLOS.
ORTÍZ MARTÍNEZ, LUIS.
QUINTO FERNÁNDEZ, ALEJANDRO.

El ejercicio seleccionado sobre la casa Barragán es presentado como si fuese un medio de comunicación, concretamente una revista especializada de ámbito internacional (se propone para ello una edición bilingüe castellano e inglés con un diseño de página a doble columna). El trabajo narra la obra y la vida de este arquitecto mexicano a través de un recurso ligado al mundo de la difusión mediática, como si se tratara de una monografía de arquitectura, con su portada y varios artículos que aportan diferentes miradas sobre el autor, definidos en un índice y desarrollados por los propios estudiantes (es especialmente interesante el paralelismo establecido en uno de esos artículos entre el tratamiento de la privacidad en el universo cinematográfico de Alfred Hitchcock y el ideario arquitectónico de Luis Barragán).

Además, la presentación, es decir, la propia maquetación del trabajo, está referida a los textos planteados como documentación básica de la práctica (se usa incluso la misma tipografía que en el libro de Colomina). De este modo, los alumnos vinculan libremente estos materiales con su propuesta de trabajo sin necesitar dar explicaciones sobre lo que están haciendo. Se limitan a contar la casa a partir de fotografías pu-blicadas y a plasmar sus impresiones en los diversos artículos escritos sobre su arquitecto y usuario. Conviene insistir en que no es el contenido del ejercicio la principal razón para su inclusión en este libro, sino el hecho de que la forma y el fondo del trabajo se originan simultáneamente a partir de los materiales propuestos en el enunciado y que tratan, precisamente, sobre estrategias de comunicación.

http://ul.to/nx1krzkb

**P5_G4G7:**
GRUPO DE PRÁCTICAS 4 / GRUPO DE TRABAJO 7.
PROFESOR: JOSÉ PARRA.
AUTORES:
JORQUERA RUIZ, ESTHER.
LOYOLA GINER, PATRICIA.
RUIZ CASTEJÓN, JOSÉ CARLOS.

De nuevo, el sentido del humor, desplegado a través de un ejercicio riguroso e imaginativo, es la razón fundamental que ha motivado la elección de este trabajo. En este caso concreto la decisión no ha sido fácil ya que existían otros muchos casos donde la interpretación de los textos de Colomina y la aplicación de sus tesis al análisis de las obras propuestas han dado como resultado valiosas interpretaciones personales que ponen de manifiesto la relevancia del punto de vista adoptado.

En un ejercicio de desmitificación, este trabajo recurre al personaje de Philip Johnson, una figura clave en las investigaciones de Colomina que examinan la arquitectura a través del filtro de los medios de comunicación de masas y, más concretamente, de sus relaciones con la televisión. Sin duda Johnson se prestaba a ello, y los estudiantes han sabido aprovechar esta oportunidad para construir el guion –muy divertido, por cierto– de un programa televisivo que han doblado sobre diversas entrevistas concedidas por Johnson y en las que, como ha reparado Colomina, década tras década, este volvía a referirse a su Glass House como centro de su proteico discurso publicitario.

Introduciendo como hilo argumental la cuestión de la orientación sexual del arquitecto, el trabajo se centra en la exposición pública de la privacidad, explorando desenfadadamente algunas hipótesis domésticas que trasladan directamente a las diferentes estructuras (la casa de vidrio y el pabellón de ladrillo) de su célebre conjunto residencial de New Canaan. Es imprescindible subrayar la solvencia con la que se han abordado cuestiones tan escurridizas como las relaciones entre sexualidad y espacio, el papel del espectador e, incluso, determinadas metáforas (como el *coming out*) que los aplican sobre procesos y dispositivos arquitectónicos relacionados con múltiples formas de exposición visual.

http://ul.to/1ymbgvz2

79

## CLASE PRÁCTICA 06.
## PINA-WENDERS: A TRAVÉS DE LA DANZA, EL ESPACIO COMO LUGAR.

**P6_G1G4:**
GRUPO DE PRÁCTICAS 1 / GRUPO DE TRABAJO 4.
PROFESOR: CARLOS BARBERÁ.
AUTORES:
CAMACHO MOLINA, JORGE.
CONTRERAS GRACÍA, ÁGUEDA.
FERRANDO FERRANDO, ELISABETH.
TÓRTOLA LÓPEZ, JUAN MIGUEL.

El trabajo seleccionado sobre la película *Pina*, de Wim Wenders, consiste en el montaje de una entrevista a un grupo de bailarinas en la que estas hablan acerca del universo creado por la coreógrafa, bailarina y directora alemana Pina Bausch. La entrevista está enfocada a contextualizar el espacio de una de las escenografías elegidas de la película del director alemán. En el vídeo se muestran imágenes de la obra *Café Müller* mientras se suceden los comentarios de las bailarinas entrevistadas.

La presentación del trabajo al resto de sus compañeros de grupo contribuyó a cambiar completamente la concepción del espacio y la manera de entender esta escenografía —en la clase anterior se había dedicado la sesión a ver la película de Wenders y todos los asistentes conocían su desenlace—. El ejercicio de este equipo consistió en otro modo de explicar la cinta visionada hacía una semana, aportando una nueva forma de interpretar el espacio referido a la danza.

Este trabajo recurre a las fuentes de las usuarias de este espacio, a las propias bailarinas y, por ello, el contenido de la escena es contextualizado desde una determinada manera de entender el lugar desde su uso. El hecho de presentar una entrevista y montar las palabras con las imágenes de la película *Pina* conforma, en sí, un documento que responde exactamente al enunciado de la práctica, referido al acontecimiento que protagoniza una actividad en el espacio. Esta era la parte más compleja de la práctica y este trabajo lo resuelve con la mayor sencillez y claridad.

http://ul.to/9jg8zkif

**P6_G4G2:**
GRUPO DE PRÁCTICAS 4 / GRUPO DE TRABAJO 2.
PROFESOR: JOSÉ PARRA.
AUTORAS:
MUELA RIPOLL, MERCEDES.
RICO VIDAL, SOLEDAD.
RUIBAL ELENO, OLGA.
TORRES GALVAÑ, SONIA.

De nuevo este prometedor grupo de futuras arquitectas sorprende con un planteamiento arriesgado de indudable dificultad técnica. Las autoras proponen estudiar la importancia de los límites en la definición del espacio escénico que ocupa un cuerpo en movimiento y, para ello, deciden bailar y registrar la experiencia a través de la cámara.

Su propuesta se desarrolla en una sala de ensayos en la que se ha delimitado un recinto por medio de espejos verticales enfrentados con el fin de lograr una suerte de reflexión infinita. Dentro de él, una alumna ejecuta una coreografía propia pertrechada con una cámara en la cabeza mientras a su vez es grabada por sus compañeras. La idea es sencilla, pero su formalización compleja: ofrecer dos puntos de vista simultáneos, el del espectador que contempla sus movimientos desde fuera y que está representado por la cámara exterior y la visión de la propia bailarina desde dentro, representada en la cámara que lleva oculta en el peinado.

El ejercicio es un encomiable esfuerzo conceptual y de puesta en escena —hasta la elección del vestuario redunda en el éxito de la propuesta— pues, para no distorsionar la película, ninguna de las cámaras debe aparecer en el vídeo, lo cual resulta muy complicado tratándose de una ambientación concebida como una superposición de espejos. Por otra parte, el espacio escénico, creado mediante los reflejos, anula cualquier punto de vista y la bailarina pierde toda referencia, algo especialmente dificultoso en los giros, como se constata por el movimiento de la cámara. Se trata, en definitiva, de una propuesta reseñable por la precisión con la que se ha construido su investigación y por todos los retos escénicos y técnicos asumidos para llevarla a cabo.

http://ul.to/bp3fbob9

## CLASE PRÁCTICA 07.
## LA CASA DEL FUTURO.

**P7_G1G2:**
GRUPO DE PRÁCTICAS 1 / GRUPO DE TRABAJO 2.
PROFESOR: CARLOS BARBERÁ.
AUTORES:
ANTÓN URRIOS, BEATRIZ.
ASENCIO ASENCIO, JOSÉ MIGUEL .
LLINARES MIRANDA, VICENTE JOSÉ.

La última práctica propone un análisis de la Casa del Futuro de Alison y Peter Smithson entendiendo este ejercicio como la conclusión lógica a la serie de prácticas realizadas durante el curso. El primer trabajo seleccionado no es uno de los mejores resueltos, ni siquiera responde a los puntos planteados, y tampoco podría definirse como un ejercicio minucioso, en el sentido de aprovechar eficientemente el tiempo empleado en el desarrollo de este tipo de documentos.

Sin embargo, la exposición realizada en clase, apoyada por las imágenes que acompañan el texto explicativo de la práctica, está repleta de sugerentes interpretaciones, ya no solo de este proyecto concreto de los Smithson, sino de toda una manera de entender lo doméstico desde la distancia que supone no entrar en la casa, y mucho menos vivirla. La práctica presenta la casa vista desde una mirilla. En este sentido, este ejercicio está planteado desde una experiencia donde prima la dimensión inconográfica y simbólica de la obra. El trabajo aporta una interpretación sobre estas cuestiones y, aunque no atiende a los requerimientos del enunciado, constituye en sí una interesante reflexión sobre el afuera de la casa. Se trata de un análisis que se aleja de la propia arquitectura para entrar en el ámbito de los medios de comunicación de masas, planteando la propia arquitectura como medio de representación y la casa como imagen publicitaria.

La elección de este trabajo responde por tanto a la capacidad interpretativa de sus autores. Se ha valorado también el riesgo asumido al salirse del enunciado para tratar de expresar aquello que puede definirse como una casa renunciando a toda convención.

http://ul.to/86aprgkd

**P7_G4G8:**
GRUPO DE PRÁCTICAS 4 / GRUPO DE TRABAJO 8.
PROFESOR: JOSÉ PARRA.
AUTORES:
ARQUÉS CARBONELL, JORGE.
JURADO MAÑOGIL, ESPERANZA.
RAMÓN LÓPEZ, ESTHER.
RICO ARMADÁ, BEATRIZ .

Este trabajo es uno de los más expresivos del curso, sorprende porque, frente a una primera parte de la práctica resuelta con un análisis de la Casa del Futuro más o menos correcto, contrapone una personal interpretación de las estrategias de control visual desplegadas por los arquitectos en su proyecto expositivo.

Los estudiantes exploran con audacia distintas situaciones donde la esfera de lo privado es expuesta implacablemente al escrutinio público. Trasladando sutiles recreaciones de comportamientos reservados al ámbito doméstico hacia edificios institucionales y espacios abiertos del campus de esta universidad, esta propuesta, a través de una acción a medio camino entre la experiencia sociológica y la práctica artística, explora la reacción de las personas ante lo insólito de una situación descontextualizada y aparentemente desprovista de significado.

Como en la exposición de la Casa del Futuro, la mirada es quien otorga sentido a las situaciones, proyectándose en el objeto para estructurar lo visible desde la subjetividad del espectador. El comportamiento *voyeur* es explorado mediante una acción performativa que, sirviéndose de mínimos recursos, es capaz de producir poderosas reacciones: una sábana y un par de teléfonos móviles bastan para suscitar la mayor extrañeza en los transeúntes filmados y, también, para despertar todo el asombro del aula cuando este vídeo proyectó.

http://ul.to/8cdyy00r

# Una VALORACIÓN FINAL al CURSO 2013-2014

El conjunto de prácticas descritas fue preparado con anterioridad al inicio del curso académico por lo que solo una vez finalizado pueden evaluarse algunos de sus primeros resultados.

En términos cuantitativos, el curso 2013-14, con 126 estudiantes matriculados, ha tenido un 95 % de aprobados[7] en primera convocatoria y un 99 % de aprobados en segunda convocatoria.

En términos cualitativos, la calidad de los trabajos seleccionados para esta publicación (a los que habría que añadir un extenso listado de prácticas igualmente valiosas que, por razones de espacio, no han podido incluirse) es representativa de la motivación y capacidades de los estudiantes con los que se implantó la asignatura de Composición Arquitectónica 4 en dicho curso 2013-14. Al final del mismo, se planteó a los cuatro grupos de prácticas una encuesta docente con el fin de conocer su opinión sobre distintos aspectos del curso, su dinámica, formato de las prácticas, temas tratados, carga de trabajo, etc. Dicha encuesta comprendía once preguntas que debían responderse de forma justificada y que se reproducen a continuación:

ENCUESTA SOBRE EL DESARROLLO DEL CURSO DE PRÁCTICAS DE CA4

01 ¿Consideras acertadas las prácticas planteadas en el curso?
☐ SÍ    ☐ NO    ☐ NO SÉ
¿Por qué?

02 ¿Las prácticas del curso han supuesto una aportación para el conocimiento de la arquitectura y/o metodología de trabajo?
☐ SÍ    ☐ NO    ☐ NO SÉ
¿Qué aportación más relevante consideras?

03 ¿Las prácticas han permitido mantener y/o profundizar el seguimiento del curso en relación con las clases de teoría?
☐ SÍ    ☐ NO    ☐ NO SÉ
Enumera pros y/o contras referidos al seguimiento de las clases de teoría.

[7] El aprobado por curso se conseguía con una calificación de 5, media entre las calificaciones de teoría y práctica, requiriéndose una nota mínima de 4 en cada parte.

04 Respecto al tiempo utilizado para el desarrollo de las prácticas y respecto al utilizado en otras asignaturas, ¿estas prácticas han supuesto un esfuerzo mayor, igual o menor?
☐ IGUAL        ☐ MAYOR        ☐ MENOR
¿Con respecto a qué asignaturas?

05 ¿Qué práctica del curso ha despertado un máximo interés y qué práctica ha despertado un mínimo interés?
☐ P01 ☐ P02 ☐ P03 ☐ P04 ☐ P05 ☐ P06 ☐ P07 MÁX. INTERÉS
☐ P01 ☐ P02 ☐ P03 ☐ P04 ☐ P05 ☐ P06 ☐ P07 MÍN. INTERÉS
¿Por qué?

06 ¿Qué práctica (tema de práctica) te ha gustado más y cuál te ha gustado menos?
☐ P01 ☐ P02 ☐ P03 ☐ P04 ☐ P05 ☐ P06 ☐ P07 GUSTADO MÁS
☐ P01 ☐ P02 ☐ P03 ☐ P04 ☐ P05 ☐ P06 ☐ P07 GUSTADO MENOS
¿Podrías justificarlo?

07 ¿El profesor en clase explica claramente el contenido de las prácticas? ¿Consideras de ayuda los comentarios y correcciones?
☐ SÍ    ☐ NO    ☐ NO SÉ
¿Por qué?

08 Respecto a las lecturas/textos aportados en las prácticas del curso, ¿consideras que estos han ayudado a enfocar o desarrollar el trabajo?
☐ SÍ    ☐ NO    ☐ NO SÉ
¿Por qué?

09 ¿Consideras que el número de prácticas y sesiones por trabajo es el apropiado?
☐ SÍ    ☐ NO    ☐ NO SÉ
¿Cambiarías algo?

10 ¿Consideras que el sistema de trabajo en grupo enriquece el desarrollo de la práctica?
☐ SÍ    ☐ NO    ☐ NO SÉ
¿Por qué?

11 ¿Te parece interesante el formato de exposición pública de los trabajos?
☐ SÍ   ☐ NO   ☐ NO SÉ
¿Qué mejorarías?

\*\*\*

Aunque la encuesta era anónima y los estudiantes no conocían su nota final cuando respondieron al cuestionario planteado, más de un tercio de los alumnos firmó el documento con su nombre y apellidos.

En general, la valoración es positiva por parte de los alumnos. Un porcentaje elevado se sintió motivado por los temas y enfoques propuestos y, aunque la mayoría no siempre encontraba una relación directa con los contenidos teóricos, confesó estar de acuerdo con el planteamiento del curso porque estas prácticas les habían proporcionado nuevos puntos de vista que antes no consideraban.

Respecto a los ejercicios que más interés y adhesión suscitaron por parte del alumnado, fueron, en este orden, los número 6 (PINA-WENDERS), 7 (LA CASA DEL FUTURO) y 5 (PRIVACIDAD & PUBLICIDAD), mientras que no resultaron tan del gusto de los estudiantes los ejercicios número 3 (JEAN PROUVÉ: VIVIENDA PREFABRICADA EN NANCY) y número 1 (SUPERSURFACE), en la que casi todo el mundo mostró su desconcierto por el ejercicio propuesto.

En este sentido, el alumnado ha mostrado reticencias hacia lo abstracto de ciertos enunciados, pero ha reconocido la importancia de que su planteamiento fuese lo suficientemente abierto como para dar cabida a diversas interpretaciones.

Por otra parte, los alumnos han valorado positivamente el papel de los profesores como guías pero han pedido más correcciones para sus propuestas, dedicando más tiempo a analizar los ejercicios en proceso, probablemente a costa de resolver menos prácticas, cuya carga de trabajo, sin llegar a la de Proyectos Arquitectónicos, afirmaban que era superior a la de otras asignaturas.

Han valorado asimismo positivamente las exposiciones públicas, como también el hecho de que se invitara a las correcciones a profesores de otras asignaturas, entre ellas Proyectos, pues esta circunstancia evidencia que no se trabaja desde compartimentos estancos, sino que distintas asignaturas, frecuentemente, abordan los mismos temas desde puntos de vista diferentes. Igualmente, los alumnos han valorado este cruce entre materias porque la discusión en torno a sus trabajos, al contar con la presencia de otros profesores, resulta más plural, se enriquece ampliando la conversación sobre los mismos y, por supuesto, pone en valor el tiempo invertido en realizarlos.

Probablemente muchas cosas han quedado en el tintero pero este ha sido un curso vibrante. A pesar de su corta duración se ha logrado una complicidad entre estudiantes y profesores, contagiándose mutuamente la necesidad de plantear siempre nuevas preguntas pues, como dijera el filósofo norteamericano Richard Rorty, uno debe dejar de preocuparse por si lo que hace está bien fundado y comenzar a interrogarse sobre si hemos sido lo suficientemente imaginativos como para proponer alternativas interesantes a nuestras propias preguntas.

Finalmente, quizás lo más gratificante de esta publicación haya sido constatar lo que muchos estudiantes han escrito en sus encuestas al hablar de la satisfacción que han experimentado al aprender cosas nuevas. Gracias a ellos, esta selección heterogénea de propuestas no es solo un testimonio de la diversidad y del talento que existe en nuestras aulas, sino, sobre todo, una pequeña muestra del esfuerzo y de la emoción que hay detrás de ellas.

Alicante, julio de 2014

# EPÍLOGO:
## sobre el *blog* de la asignatura

La participación activa del estudiante es uno de los objetivos que siempre se desea alcanzar en la universidad. Esta interacción es imprescindible para crear un ambiente donde los límites de la relación estudiante-profesor se desdibujen y puedan establecerse así las bases de un diálogo más vinculado al ámbito profesional que al estrictamente académico, especialmente durante los últimos cursos de la carrera. Pero no es fácil de conseguir. El escaso tiempo disponible por sesión y la limitada duración del cuatrimestre no facilitan esta tarea. Tampoco es fácil construir un espacio de debate que, superando el corsé de las lecciones teóricas impartidas como clases magistrales, sea capaz de generar opiniones diversas y posiciones más cercanas a la realidad actual de la profesión y a los nuevos modos de ejercerla.

Como se ha insistido, las prácticas de la asignatura Composición Arquitectónica 4 se han enfocado desde la interdisciplinariedad inherente a la propia arquitectura. A pesar de su especificidad, los ejercicios planteados han pretendido formar visiones de conjunto, apelando a múltiples referencias no siempre lineales en el tiempo. De este modo, las prácticas podrían entenderse también como entrenamiento de actitudes profesionales, pues recorren un amplio espectro de sensibilidades arquitectónicas, artísticas y culturales con el fin de contribuir a despertar el interés de los estudiantes por los temas propuestos, pero, sobre todo, a fomentar su apertura de miras a la hora de enfrentarse a ellos.

En este sentido, como apoyo al trabajo del alumnado, cada semana se dedicaban los últimos veinte minutos de la clase teórica a generar un espacio de reflexión previo al inicio de las sesiones de prácticas. Este tiempo de debate, conducido por la profesora colaboradora honorífica Ana Gilsanz, abordaba con un tono más desenfadado diferentes aspectos directa o indirectamente relacionados con la materia impartida por la profesora Elia Gutiérrez. La discusión, que servía de nexo o introducción a las clases prácticas, partía de una serie de cuestiones que se materializaban en el *blog* de la asignatura (*http://compoarq4.blogspot.com.es*), un espacio virtual donde semanalmente se actualizaban artículos y noticias relacionadas principalmente con la arquitectura, las ideas, la sociedad y la cultura.

El *blog* es una herramienta interactiva de difusión y como tal ha funcionado durante el curso 2013-14, permitiendo el libre acceso a la información y dando a todos aquellos interesados la oportunidad de contribuir a su elaboración aportando temas y comentarios. Al tratarse de asuntos de plena actualidad, los artículos propuestos, tanto por los profesores como por los propios estudiantes, tenían en común su eficacia como pretexto. Con ellos se abría la discusión, cediendo inmediatamente la palabra al resto del aula. Este formato de conversación promovía la participación, estableciéndose una mayor cercanía entre estudiantes y profesores que posibilitaba conocer opiniones diversas, construir acuerdos y ejercer el derecho a disentir con argumentos.

A través del *blog*, este tiempo de deliberación ha permitido tratar asuntos de tanta importancia como el rol que los arquitectos deben asumir en la sociedad, abordando el presente a través de una crónica que ha dejado constancia de la complejidad del tiempo actual, reafirmando a los estudiantes en su compromiso como ciudadanos y como futuros profesionales. En efecto, el estudiante ha podido involucrarse y expresar verbalmente al resto de compañeros sus puntos de vista sobre asuntos que inicialmente no consideraban estrictamente disciplinares y, aunque el tiempo dedicado a esta actividad haya sido breve, ha reflejado elocuentemente las inquietudes, intereses, opiniones y hasta preocupaciones personales del alumnado. La labor de la profesora colaboradora Gilsanz en este curso ha sido justamente la de participar actuando de mediadora. Un agente cercano al alumnado que ha servido de desencadenante, promotor y moderador de los debates planteados cada semana.

En el *blog* se intercalaban además otro tipo de entradas relacionadas con la difusión de agendas culturales, posibles visitas de arquitectura o entrevistas referencia. Por otro lado, esta herramienta permitió también generar enlaces, a modo de *links*, con otras páginas que, por su interés, se han considerado sitios web de consulta imprescindible, formando así parte de una red de difusión de la cultura arquitectónica.

En este primer curso 2013-14 de la asignatura en los estudios de grado en Arquitectura, correspondiente a la implantación en cuarto del denominado «Plan Bolonia», se ha intentado, por tanto, conectar los dos formatos de clase, teoría y práctica, definidos en dicho plan de estudios a través de la herramienta del *blog* y los espacios de debate que vinculaban ambas clases. A pesar de la duración cuatrimestral del curso, que por su brevedad impone una rapidez e inmediatez que dificulta la reflexión y la relación en profundidad con los estudiantes, el balance ha resultado muy satisfactorio. El estimulante reto de repensar el temario y de proponer unos ejercicios prácticos ajustados al nuevo marco universitario no ha sido otro que plantear las bases de un trabajo participativo y unas estrategias de futuro que permitan tender puentes de comunicación bidireccional entre el profesor y el estudiante, animándole a conocer y a tomar parte activa en la realidad contemporánea.